言葉の煎《せん》じ薬《ぐすり》

言葉の診察室④

呉智英 *Kure Tomofusa*

増補新版

ベスト新書
615

◉このエッセイは初め「小説推理」二〇〇五年十月号から二〇〇九年十一月号までの全五十回連載し、二〇一〇年六月に双葉社より単行本として刊行された。今回、加筆修正の上、ベスト新書「呉智英　言葉の診察室」シリーズの一冊とした。

【はじめに】言葉の誤用と文明の綻び

二〇〇八年の暮、評論家の加藤周一が八十九歳で死去した。新聞や雑誌は、巨星堕《お》つとか、知の巨人逝《ゆ》くとか、大きく追悼特集を組んだ。加藤の評論は文明論的な広がりがあったと言われている。東大医学部に学び、フランスに留学した経歴も影響しているのだろう。代表作『日本文学史序説』は、万葉集から戦後文学までを通時的に語るだけでなく、日本文学と支那文明やヨーロッパ文明との関わりをも巨視的に論じて高い評価を得た。

加藤周一の知的好奇心、強い意欲は生涯衰《おとろ》えを知らず、「その思いは晩年の『漢字文化圏構想』へと広がる」(二〇〇九年八月二十八日付、以下日付は大阪本社版による朝日新聞)。また、支那文学者の一海知義《いっかいともよし》は、加藤が「一日に一度は漢文の古典に関する本か、古典そのものを、少しでもいいから何ページか読む」と語ったことを回想している(二〇〇九年二月十九日付朝日新聞)。

それは、死の少し前まで朝日新聞に毎月一回連載された「夕陽妄語《せきようもうご》」からもうかがえる。二〇〇三年六月十九日の「夕陽妄語」は、儒家と法家の対立の話である。その中に

「私は松尾善弘氏の著述から実に多くを学んだ（『尊孔論と批孔論』白帝社、二〇〇二）」とあった。

私は素人ながら支那思想に関心を持っている。しかし、一日一度漢文の古典を読むほどの学識はない。漢文なんて高校の授業で習っただけである。それでも、支那思想を論じた本で自分にも理解できそうな本は読んでみることにしている。加藤周一が「実に多くを学んだ」とまで言う松尾善弘の『尊孔論と批孔論』は、これは読まなければなるまい。

そう思って本屋に注文し、十日ほど経って入手した『尊孔論と批孔論』を一読して、私は仰天した。一九六〇年代末の私の学生時代、日支友好運動に没頭する友人が配るアジビラやパンフレットにあったような支那思想論で埋められていたのである。

例えば『枕中記《ちんちゅうき》』論。これは「邯鄲《かんたん》の夢」「黄粱一炊《こうりょういっすい》の夢」の出典となった唐代伝奇小説である。野心溢れる青年盧生《ろせい》が旅の途中の茶店で道士《どうし》（仙人）と知り合う。道士の貸してくれた枕で一眠りすると、盧生は栄華の一生の夢を見る。ところが、夢から醒《さ》めると、茶店の主人が先程火にかけた黄粱《あわ》めしがまだ炊き上がってもいないわずかな時間であった。人の一生のはかなさ、栄達の虚しさを譬《たと》えた話である。

ところが、松尾善弘によれば『枕中記』は弁証法の構想による物語なのだという。栄達を目指す盧生が〈正〉、それを否定する道士が〈反〉、この二つが「夢の世界で対立と闘争を繰り広げ」、後段で「〈合〉に止揚《しよう》されていく」。「見事な弁証法的〈正―反―合〉の手法を駆使したすじ書き」だというのだ。

私は、あまりの図式的思考に、唖然として言葉を失った。

『尊孔論と批孔論』には、こんな記述もある。

「孟子《もうし》の思惟論理がすべからく演繹《えんえき》法であることを押さえておかねばならない」

「荀子《じゅんし》の思考方式はすべからく『一分為二』『合二而一』『否定の否定の法則』『量から質への変化』の論理で貫かれている」

「須《すべか》らく」は主に漢文訓読に使われる言葉で、意味は、命令・義務・当為である。「すべて」などという意味はない。

●すべからーず（禁止）　～するな

●すべからーく（命令）　ぜひ～せよ

こう考えればわかりやすいだろう。

恐ろしいことに、松尾善弘は東京教育大学で漢文学を専攻した後、鹿児島大学で助教授を、山口大学で教授を勤め、漢文の入門書も著《あらわ》している。「須く」を誤用する漢文学者も珍しい。何か弁証法的発展でもあったのだろうか。松尾は、同時に、旧弊な漢文訓読重視論も批判し、支那文学を支那語で読む意義も強調している。それはそれで一つの意見だろうが、松尾は、現代支那語でも「須《シュ》」は義務・当為の意味であることを知らないらしい。

一九二五年に没した孫文の有名な遺言に、こうある。

「革命尚未成功、同志仍須努力」（革命尚未《なおいま》だ成功せず、同志仍《なお》須く努力すべし）

革命はまだ成功していない。同志は変わらずぜひとも力を尽くせ。孫文は、こう言ったのだ。これが「すべて努力せよ」では意味を成さない。

私は、『尊孔論と批孔論』から「実に多くを学」びはしなかったが、世の中には大学教授という権威によりかかってお粗末な言説をふりまく輩《やから》がいるということは確かに学んだ。そして、加藤周一がこんな本から多くを学んでいたのだということも学んだ。加藤が「一日に一度は漢文の古典」を読み、「漢字文化圏構想」を描いていたというのは、本当のことなのだろうか。

浅学な私には壮大な文明論を展開する力量はもちろんない。しかし、言葉の誤用に文明の綻《ほころ》びを指摘するぐらいのことはできる。

「すべからく」を「すべて」のつもりで得意気に誤用する風潮は一九七〇年代に始まっ

た。この言葉を誤用するのは、しばしば日本語の乱れを指摘される無知無教養なヤンキー青年やコギャルたちではない。彼らは無知無教養であるからこそそんな小難しい言葉は知らないし、従って誤用のしようもないのである。中途半端な知識人、丸山眞男なら「亜インテリ」と呼ぶような連中が、一般民衆を威嚇《いかく》するために、自分でも意味を知らない言葉を得意気に誤用している。

教育制度が充実した時代だからこそ起きる言葉の誤用。大衆化社会の中にこそ見られる権威主義。現代文明の綻びがちらりと顔を見せたような気がする。

文明論などと柄《がら》でもないことは、この程度にしておこう。ともかくも、言葉の誤用によって文章の意味が通じなくなり、論旨の信頼性が損われることが、まず問題なのである。

先年話題になった水村美苗『日本語が亡びるとき』（筑摩書房）は、挑撥的書名に反して国語重視論である。正字正仮名論者の福田恆存《つねあり》を援用して伝統的仮名遣いにも言及している。その本に、こんな記述がある。

「カンボジアのクメール・ルージュにいたっては読書人をすべからく虐殺した」

水村美苗は、クメール・ルーシュの反文化的蛮行を、当然の義務だとして支持しているらしい。クメール・ルージュも粗暴な文化破壊者だが、水村美苗もまた恥ずかしい文化破壊者である。

「すべからく」の誤用を批判しているのは、私だけではない。支那文学者高島俊男も前から批判しているし、東欧文学者の工藤幸雄も何度も繰り返し批判している。国広哲弥の近著『新編 日本語誤用・慣用小辞典』（講談社現代新書）では、かなり大きくスペースを割いて警鐘を鳴らしている。敬語が適切であるかないかなどとは次元がちがう誤用だからである。

『岩波講座 東洋思想』第十巻『インド仏教3』に、三重大学助教授斎藤明が「一乗と三乗」を論じている。そこに、こうある。

「このような弟子は、すべからく仏の子であり、菩薩に他ならない」

斎藤明は仏教学者として漢籍仏典がちゃんと読めているのだろうか。

『無門関《むもんかん》』第四十六則に、こんな一節がある。

「百尺竿頭《ひゃくしゃくかんとう》、須《すべから》く歩を進め、十方《じっぽう》世界に全身を現ずべし」

百尺の竿《さお》のてっぺんにあっても、ぜひ一歩先を目指し、あらゆる場面に自らの悟りの姿を現すようにせよ。

この一節は「百尺竿頭、一歩を進む」という成句でも知られる。これを「すべて一歩先を目指し」では全く意味不明である。漢籍仏典が読めない仏教学者が岩波講座に論文を執筆する時代が来たということだろうか。

魯魚《ろぎょ》の誤りは恥ずかしい。ラ抜き言葉は美しくない。しかし、無知な庶民を威嚇したつもりで優越感に酔う亜インテリが使う難解な言葉の誤用は、それとは較べものにならないほど、醜くて、卑しい。

本書は、辞書のように言葉の誤用に即効性を発揮する薬剤ではない。しかし、楽しみながら読んでいくうちに誤用への抵抗力がつき、亜インテリへの免疫力がつく煎《せん》じ薬《ぐすり》である。良薬であると自負しているが、別段苦くはない。全部飲み終えた時、言葉と文化文明の関わりがちらりとでも見えてくれれば、調剤師の望外の喜びである。

『言葉の煎じ薬　言葉の診察室④』目次

言葉の煎《せん》じ薬《ぐすり》

言葉の診察室④

虹の入門書って何だ

二〇〇五年七月十二日、文化庁が国語世論調査を発表した。新聞はこれを「敬語『自信ない』4割」（朝日新聞見出し）、「日本語誤用じわり浸透」（産経新聞見出し）などと報じた。こういう「言葉の乱れ」を嘆く世論には、つくづくうんざりする。

私はこれまで、執拗《しつよう》なまでに言葉の乱れを批判してきた。日本語は乱れていると思うし、乱れた言葉は批判されて当然である。しかし、それは一般庶民の敬語の誤用や若者の使う俗語・流行語のことではない。言葉を使用することを職業にする人、すなわち知識人がおかしな日本語を、しかもそれを得意気に使う。こうした風潮を批判してきたのだ。大学教授、評論家、小説家、詩人、歌人、俳人、新聞記者、編集者……こういった知識人たちが言葉の無知・誤用を恥じない。そして、こういう言葉の無知・誤用は、世論調査には上がってこない。

　世論調査は、住民台帳を基に無作為に数千人を選んで行なわれる。消費傾向や芸能人の好悪の調査なら、それで問題はない。しかし、「世論」を「せろん」と読むべきか「よろん」と読むべきかといった問いは、そもそも世論調査になじまない。この言葉は本来「輿《よ》論《ろん》」と書いた。だが、戦後の漢字制限の中で「輿」の字が排除され、代用漢字として「世論」が使われるようになった。こうした事情を知った上でなければ、意見を述べることはできないはずだ。無作為に選ばれた数千人の人に、そんなことは期待できない。半面、言葉を使用することを職業とする人は、こうした事情を知った上で「せろん」か「よろん」かを選ぶべきだろう。それは、大工が壁板に一枚板を使うか合板を使うか判断し、板前が魚を塩焼きにするか煮付けにするか思案するのと同じで、職業倫理、専門家としての見識、プライドに関わってくる。

　この国語世論調査では、敬語の乱れを実感する人が多いとしている。しかし、それなら、かつては敬語は正しく使われたのか。「先生、お父さんにお目にかかってください」と、五十年前は言わなかったのか。

　高校進学率が五割を超えたのは、やっと一九六〇年代初頭である。しかも、この数字は全国平均値で、男女も一緒に集計したものだ。一九六〇年以前、地方から東京や大阪へ出て来て就職した、お国訛《なま》りさえ残る中卒女子店員が、正しい敬語で客の受け答えをしたとはとても思えない。

また、この世論調査では、若者の使う俗語や流行語の盛行も取り上げている。しかし、今や日本中で誰も抵抗感なく使うようになった「しんどい」が、一九七〇年前後までは関西圏以外では使わない方言であったことはすっかり忘れられている。このことを考えれば、俗語・流行語を言葉の乱れとしてあげつらうことにさほど意味があるとは思えない。

一方、世論調査には決して上がってこず、しかし、一部の知識人が得意気に誤用して使う言葉がある。例えば「階梯」。世論調査をしたら、読みも意味も九十九パーセントの人が正しく答えられないだろう。

「階梯」は「かいてい」と読む。意味は、入門書である。文字通りの意味は「梯子段《はしごだん》」であり、転じて「初歩」「入門書」の意味になる。現在ではほとんど使われなくなったが、戦前はよく使われた。今でも古本屋の片隅に「経済学階梯」だの「代数階梯」だのという本を時に見かけることがある。

昨今、書名にこの言葉を見るのは、中沢新一の『虹の階梯』ぐらいか。この本は一九八一年に初版刊行以来、版を重ねている。『虹の階梯』というからには、気象学の入門書か光学の入門書だと、普通は思う。ところが、気象学とも光学とも無関係のオカルト本だ。チベットのゾクチェン派密教の悟りについて書いた、まともな理性の持ち主には何が何だかわからない本である。一九九五年、日本中を震撼させたオウム真理教が最重要の理論書の一つとして挙げている宗教書だ。アーレフ（現・Aleph アレフ）と教団名を変えたオウムで今なお愛読されているらしい。

この本のどこがどう「階梯」なのか。本のカバーにこうある。

「アティ＝ヨーガの世界へと向かう虹の階梯の最初のステップを紹介する」

現世から悟りの世界に懸けられた虹のような橋、という意味らしい。それなら初めから平易に「虹の橋」と言えばいいではないか。自分でも意味のよくわからぬ言葉を得意気に使う恥ずかしい人たちによってオウムの惨劇は惹き起こされたのである。

色に迷わされた人々

「週刊新潮」二〇〇五年七月十四日号のＴＥＭＰＯ欄に、冒険家の安東浩正がこんなことを書いている。

「昨年12月18日、稚内《わっかない》からサハリンに渡り、白夜の中をベーリング海峡目指してシベリア縦断、８６００キロを自転車で走破」

確かに、自転車でシベリアを縦断するには白夜の頃が好都合だ。しかし、それならわざわざ冬季の十二月にサハリンに渡って半年も白夜の時季を待つ必要もないだろうに。そう思って読み進むと、こうある。

「白夜の季節とはいえ、一木一草とてないシベリアのツンドラで、ブリザードに数日降り込められた」

白夜の季節には、シベリアのツンドラ地帯も、沈まぬ太陽の恵みを受けて緑に覆われる。もちろん、こんな夏にブリザードなど吹き荒れるはずもない。安東浩正は、白夜を白雪の降る夜のことだと思っているのだ。安東も、こんな誤文を平気で載せる「文芸出版の新潮社」も、困ったものである。

白夜は高緯度地帯特有の現象で、夏季の昼間時間が非常に長くなることである。日本の夏至をさらに進めたものと思えばいい。北極南極などの極地になると、太陽は全く沈まない。こういう「明るい夜」を「白夜」と言う。「明夜」といった言葉なら安東浩正もまちがえなかったろうが、「白夜」だったから「雪の夜」だと思ったのだ。冒険家だから道に迷うことはないだろうが、まあ、色に迷ったわけだろう。

日本には白夜はない。森繁久彌歌う『知床旅情』に「遥か国後《くなしり》に白夜は明ける」とあるけれど、知床にも国後にも白夜はない。知床も国後も北緯四十四度に位置する。これはヨーロッパでいえば、アドリア海やリビエラなど南欧のリゾート地と同じだ。北海道で白夜など起きるはずがない。

そうすると、「白夜」は当然、輸入語だということになる。誰もが予想できる通り、ロシヤ語起原である。ロシヤ語のベーラヤ・ノーチ（白い夜）を直訳したものだ。ドストエフスキーには、真夏のペテルブルグの夜の幻想的な恋を描いた『白夜』があるし、他のロシヤ作家の作品にも白夜は出てくる。明治期にロシヤ文学が翻訳紹介されるに従って、この言葉は次第に知られるようになっていった。

不思議なことに、英語では「白夜」を「ホワイト・ナイト white night」とは言わない。「白夜」には一定の訳語はなく、説明的に「深夜に太陽の出ている夜」という言い方をする。なぜ「ホワイト・ナイト」と言わないかというと、「ホワイト・ナイト」は眠れない夜のことだからである。

ところで、ここまで「白夜」にふり仮名をつけてこなかった。読者はこれを「びゃくや」と読んだだろうか、「はくや」と読んだだろうか。恐らく「びゃくや」と読んだ読者が多かっただろう。これが多数派になっているからだ。しかし、本当は「はくや」が正しい。漢字は、原則的に仏教語以外は漢音《かんおん》で読むからだ。「びゃくや」なら呉音《ごおん》になる。漢音呉音で意味がちがう語もある。

●白衣（はくい）：看護婦などの着る白い服。

●白衣（びゃくえ）：僧侶の下着、また僧侶が下着のままでいる非礼のこと。

「白夜」は「びゃくや」と読んでも意味の取りちがえはないけれど、辞書はやはり「はくや」を正式の見出しとするものが多い。

さて、色に迷って実態をまちがうのは「白夜」だけではない。「青龍刀」もそうだ。

今世紀初め、東京新宿の歓楽街などで不法入国の支那人マフィアが暴力沙汰を起こす事件が頻発した。縄張り争いでは青龍刀を振り回しての出入りになる。これを、青龍刀なんて合金製の模擬刀《もぎとう》程度の切れ味しかないと、たかをくくっている日本人が多かった。大まちがいである。青龍刀はきわめてよく切れる。先が幅広で重い分、腕でも首でもスパリと切り落とせる。

多くの日本人は、なぜ青龍刀をあまり切れないと思っているのか。青の字に迷わされているからである。青龍刀を青銅で出来ていると思っているのだ。これはまた、学校の教科書で支那の古代に青銅器文明が発達していたと強調されているからである。支那四千年の歴史。だから、その青銅製の刀が今も使われている。そんな風に錯覚してしまうのだ。青龍刀は、柄の部分に青龍の形の飾りが刻まれた鋼鉄製、すなわち黒金《くろがね》の鋭利な刀である。

ケータイは異界への窓口

前にも書いたことだが、私は、乱暴な若者言葉や俗語・流行語にあまり目くじらを立てない。むろん、こうした言葉は美しいものではないし品のよいものでもないので、私自身は使わない。文章講座で学生に教える時も、正式な文章や公的な場にはこういう言葉はふさわしくないと指導している。しかし、それ以外は、歴史の淘汰《とうた》にまかせればよいと思う。歴史の淘汰にまかせるというのは、ほったらかしということではなく、こういう言葉への批判も揶揄《やゆ》もあった上で、残る言葉はどっちみち残るだろうということだ。目くじらを立てて苛立《いらだ》たなくとも、乱れた言葉の九割以上は日本語として定着はしない。言葉の論理性、体系性は、案外に強靭《きょうじん》なのである。

しかし、看過できない言葉の乱れもある。日本語の論理、日本語の思考を崩すような乱れだ。これには憂慮しなければならない。

「週刊ポスト」二〇〇五年八月十九・二十六日合併号の「街のツボ！」で、イラストレーターの森伸之が「〝もしもし〟はもう古い⁉︎」と題して、こんな報告をしている。

ファミリーレストランでの光景だ。二十代のフリーター風の若者が携帯電話をかけ、相手が出ると「もし」と話しかけた。「もしもし」ではなく、「もし」。若者言葉は何でも省略するのが特徴だが、「もし」はないだろう。他で聞いたことはないので、まださほど広まってはいないだろうが……。

と、こういう記事である。

広まってなくてよかった。「もしもし」を「もし」と言うのは、森伸之が思っている以上によくない。この略し方は、我々が意識するとしないとに拘わらず空気のようにその中で生きている日本文化に反するからだ。

電話で「もしもし」と呼びかけるのは一種の定型である。といっても、電話用に考案された言葉ではなく、もともと、見知らぬ人に呼びかける言葉としてあった。電話では顔がわからないので、見知らぬ人に準じて「もしもし」と呼びかけるようになった。

「もしもし」は、「申す申す」である。ちょっと申し上げますが、という意味だ。英語を習い始めたばかりの中学生がふざけて「イフイフIf if」などとやっているが、もちろん冗談にしかならない。

問題は、なぜ「もしもし」と二語重ねるかだ。

柳田國男は『妖怪談義』の中で、日本各地の風習として、こんなことを書いている。人の顔がぼんやりとしか見えなくなる黄昏時《たそがれ》、「もし」と声をかけられたら返事をしてはならない。それは妖怪だからだ。この世ならぬ世界に住む者たちは、一言でしか声をかけられない。だから、逆に自分が妖しい者だと思われたくなければ、必ず「もしもし」と二声かけなければならない。

妖怪は人間とちがってさまざまな超能力を持っている。空を飛ぶ、怪力がある、化ける、心を読む……。そのくせ、人間なら誰にでもできる平凡なことができない。二語続けて言えないのである。おそらく、ここには、人間が言葉を自由に駆使して自然を征服していった自信が反映しているのだろう。

類似の話は、民話や神話によく出てくる。古事記・日本書紀に描かれた一言主《ひとことぬし》という神は、現在も奈良県葛城《かつらぎ》の山中に一言主神社として祀られている。この神は、善い事も悪い事も一言で言うので一言主と称するとされ、神社の説明書には、一言で願いをかけるとよく叶うなどと書いてある。しかし、一言で願いをかけるって、どうするんだろう。「東大合格」だって「病気全快」だって「正夫さんと結婚できますように」だって、一言ではないと思うんだけど。

この一言主は、元は葛城山に住む精霊のたぐいだったのであろう。それは同時に、その地に住む人たちにとっては守り神でもあった。『続日本紀《しょくにほんぎ》』によれば、一言主は雄略天皇と獲物を争い、天皇の怒りに触れて土佐に流された、ということになっている。この話に、大和朝廷の勢力伸張を読み取る学者は多い。

日本古来の妖怪や土着の神は、「もし」としか言えない。「もし」としか声をかけない者にうかつに返事をすると、異界に誘い込まれてしまう。携帯電話で「もし」と一言しか言わないのは……、あれ、これはワン切りだから、やっぱり異界に誘い込まれちゃうのか。まさかこんなところにまで日本文化の伝統が生き続けていようとは。

僕のことはアローって呼んでくれ

サン=テグジュペリの『星の王子さま』の新訳が本屋の店頭に並んでいる。岩波書店の初版刊行は一九五三年。以後半世紀間広く読み継がれたが、翻訳権の期限が切れたので、各社が一斉に新訳を刊行したのだ。誰の訳文がいいかとか、書名は原題 Le Petit Prince を直訳した『小さな王子さま』がいいのか、定着している『星の王子さま』がいいのか、とか、読書界ではいろいろ議論が起きている。しかし、今回はそのあたりには嘴《くちばし》をつっこまない。ここで話題にしたいのは、岩波版の訳者の名前の読み方である。

岩波版の訳者は、フランス文学者の内藤濯である。姓の「内藤」は誰でも読める。「ないとう」である。問題は「濯」だ。これは「洗濯」の濯だから、訓は「あらう」か「すすぐ」。しかし、この訳者名はそのどちらでもない。「あろう」とルビがふってある。「あらう」が「あろう」に近いということはわかる。では、「あらう」がなぜ「あろう」になるのだろうか。

これは歴史的仮名遣いがわかれば理解できる。「あらう」は歴史的仮名遣いで書けば「あらふ」。この連用形は「あらひ・た」である。ただし、実際には促音便化《そくおんびん》して「あらっ・た」、あるいはウ音便化して「あらう・た」となる。このウ音便の場合、アラウタとは読まず、アロータと読む。これと同じで、終止形「あらふ」も、アローと読む。従って、内藤濯の名も、現代仮名遣いでは「あろう」となる。

「あらう（ふ）」と書いてアローと読むような読み方は文語詩に多い。有名なところでは『箱根八里』（鳥居忱《まこと》作詞、滝廉太郎作曲）に出てくる。

箱根の山は　天下の険《けん》　函谷関《かんこくかん》も物ならず
万丈《ばんじょう》の山　千仞《せんじん》の谷　前に聳《そび》え後《しりえ》に支う

この「後に支う」は、「ささう（ふ）」と書いてサソーと読む。意味は、「支援する」の支で、護《まも》り固めるということだ。サソーと歌うので「誘う」とまちがえている人がいるが、「前にそびえ、後《しりえ》に誘う」なら、ネオン街でしつこくつきまとう客引きである。有名なのが『箱根八里』だとすると、無名なのは名古屋市立栄生《さこう》小学校校歌である。

栄生のこども　元気に行こう
広い青空　輝く光
再建になう　我らの体は
日本の宝　世界の宝

どこにでもある平凡な校歌だ。こんな校歌をなぜ私が知っているかというと、私の母校の校歌だからだ。一九五三年から一九五九年春まで六年間、始業式だの終業式だので歌った。「再建になう」の一節に、戦禍から立ち直りつつある戦後の時代風潮が読み取れる。さて、この「再建になう」だが、ニナウではなく、ニノーと歌うように教えられた。小学生相手だから理由の説明はなく、とにかくこういう場合はニノーと歌えと教えられたのだ。平成生まれの子供ばかりが通う昨今、どう教えているのだろう。というより、今でもこの校歌は歌われているのだろうか。既に戦後は遠く、「再建」が何を意味するかさえ、子供たちにはわからなくなっているはずだが。

同種の読み方をするのは、歌詞だけではない。意識せずに我々が普通に使っている言葉にもある。

●ほうほうの態《てい》で逃げ帰った。

●まごうかたなき正宗の名刀である。

「ほうほう」は「這《は》う（ふ）這う（ふ）」、はうようにして、という意味だ。「まごう」は

「まがう（ふ）」だが、マガウではなく、マゴーと読む。まちがうという意味だ。

内藤濯のほかにも、人名でこの読み方をする例がいくつかある。

●松任谷《まつとうや》由実

●北勝力《ほくとうりき》

任や勝をどうして「とう」と読むのか。

今ではあまり使わないが、任も勝も訓で「たえる」と読む。任は職務にたえる、勝は相手の攻撃にたえる、という意味で、そう読む。「たえる」は文語では「たう（ふ）」だから、発音する時にはトーとなるわけだ。

おそらく、松任谷由実も北勝力も自分では知らない話ではなかろうか。

テンで意味が変わることもある

私が中学生だった頃まで国語の授業で教師がよく口にした冗談がある。テン（読点《とうてん》）の重要性を教えるものだ。田舎から東京の大学に遊学中の学生が実家に電報を打つ。「カネオクレタノム」。金送れ、頼む、という意味だ。しかし、実家の親は、カネオクレタ（送金が遅れた）、ノム（やけ酒を飲む）と誤解し、情けない息子だと怒った、という話である。

もちろん、テンの打ち方で文の意味が変わることを言いたいがための作り話だろう。送金が遅れたのにやけ酒を飲むことができるというのも変だし、わざわざ電報を打ってやけ酒を知らせる学生がいるとも思えない。

似ているようで、しかし現実によく目にする文もある。こちらは昔何かの文章読本に書いてあるのを見た記憶がある。

パチンコ屋は、新装開店から数日間は玉をよく出す。客を惹きつけるためだ。それから徐々に玉の出を悪くし、利益を回収する。店と客のかけひきである。ところが、さすが商売人、店は客の錯覚を利用する。「本日開店十時」の貼り紙が店頭に出る。これは「本日開店、十時」ではなく「本日、開店十時」の意味なのだ。もちろん、昨今こんな策略に引っかかる客がいるとも思えないが、あいかわらずこの種の貼り紙はよく見る。

しかし、同種のレトリックに惑わされる人はいる。

「週刊文春」の書評ページ『文春図書館』は、読書人以外にも愛読している人が多い。本の紹介あり、著者インタビューあり、リレー式の読書日記あり、読み物としても面白く構成されている。二〇〇五年九月二十九日号の読書日記は、立花隆が担当している。そこに、こんな記述がある。

「〈東京堂書店の二階の書棚は、普通の書店にはない個性的な品揃えになっていて〉目にとまったのが、名古屋大学出版会の本がならべられたコーナー。ン万円クラスの立派な本がズラリとならんでいるのに、ビックリした。いずれも碩学《せきがく》のライフワークといっていい大仕事の成果で、名古屋大学はこんなにすごい大学だったのかと正直驚いた」

大学出版会（大学によっては、出版局、出版部などと言うこともある）は、確かに良書を出している。専門書以外にも、親しみやすい教養書を継続的に出版し、並の出版社より有意義な出版活動をしているところもある。特に、法政大学出版局、東京大学出版会は、読書家の間で人気が高い。むろん、法政大学、東京大学の教授の、重厚な研究書も出版している。図書目録をざっと一覧すると、法政大学、東京大学が「こんなにすごい大学だったのか」と改めて思うだろう。

ところで、名古屋大学出版会の本を見て、「名古屋大学はこんなにすごい大学だったのか」と驚いた立花隆の反応は正しいのだろうか。いや、名古屋大学が駄目な大学だと言いたいのではない。仮にも旧帝大の一つ、名門大学である。駄目なはずはない。名古屋大学と名古屋大学出版会は関係あるのだろうか、ということである。

これは、「本日開店十時」と同じなのである。読者はつい「名古屋大学、出版会」と思ってしまう。しかし、この出版社は名古屋大学の付属機関ではなく、名古屋大学に直接的な関係はない。「名古屋、大学出版会」なのだ。大学生の教科書、大学教授の研究成果、こうしたものを名古屋地区の大学を中心に出版する財団法人、それで「名古屋大学出版会」。立花隆の言う通り、碩学のライフワークも出版しているのだから、問題はないのだけれど、それでもちょっと変な気がする。といって、出版社名の真中《まんなか》にテンを入れて表記するのも、これまた変なものではあるが。

私はある大学で文章表現法の講義もしているが、名詞が副詞的に使われる時、その後にテンを入れた方がいいと教えている。特に、「普通」と「毎日」は要注意である。

●荻窪には普通電車で行く。

●満六歳で健康な子供は普通学校に通う。

「普通」の位置を変えるかテンを入れないと、文意が正確には伝わらない。

●毎日新聞を読む。

これも同じである。毎日新聞の「毎日」は「日刊」の意味で、英米の新聞紙名によくあるdailyの訳語である。英語の場合、紙名は頭文字が大文字でDailyとなるから、これで紙名であることがわかるようになっている。

「行った」「言わない」の話

読者諸賢は、次の漢字にふり仮名を付けよと言われたら、どうふり仮名を付けられるだろうか。いや、難しい漢字ではない。小学校低学年で習う漢字だ。

●行く

「遠足に行く」だの「外国へ行く」だの、使用頻度も甚だしく高い漢字である。だから、誰もすぐに「いく」とふり仮名を付けるだろう。これでまちがいではないが、厳格な国語の先生が採点すると×か、おまけで△となる可能性がある。正しくは「ゆく」である。

国語辞典で「いく」を引いてみよう。小型国語辞典はたいてい「ゆく」の口語表現・俗語表現と簡単に説明している。つまり、「いく」はくだけた言い方なのである。大型国語辞典はもう少し詳しく、平安・鎌倉期まではほとんど「ゆく」が使われていた、と説明している。やはり「ゆく」の方が伝統的で典雅な言葉なのである。だから、文章語的な使われ方をする場合の「行く」は、必ず「ゆく」と読んで「いく」とは読まない。

●この子は行く末が恐ろしい

●行方不明

●行く年、来る年

●行く行くは大臣になるつもりだ。

これらはすべて「ゆく」と読む。「いく」と読むと違和感がある。

逆に、俗語の、いや、卑語の「行く」は、必ず「いく」と読む。

●あー、もう、行く行く

これは「いくいく」でなければならない。同じ「行く行く」でも、大臣とセックスでは読みがちがうのである。しかし、言葉が乱れだす前のエロ本（というのもおかしな表現だが）には、「あー、もう、ゆくゆく」と書いてある。戦前・戦中から終戦期までの地下版春本を復刻している河出書房新社の一連の文庫本を見ると「ゆくゆく」と表記してあるものが多い。言葉が乱れた現代のポルノ小説は百パーセント「いくいく」である。言葉の乱れというと、ラ抜き言葉だの敬語の誤用だのばかり取り上げられるけれど、「行く行く」

については、なぜか誰も論じない。
さて、これはどうだろう。
●言った
これも使用頻度が極めて高い漢字である。このふり仮名は「いった」が正しい。「ゆった」は俗語・方言の表記である。「ゆった」とふり仮名をすれば、さほど厳格でない先生でも、まず×となる。しかし、落語などに出てくる江戸下町の地口（語路合わせ）は「ゆった」でなければわからないものがある。
●嘘と坊主の頭はゆったことがない
坊主の頭は剃髪《ていはつ》しているので髷《まげ》に「ゆう」ことができない。性分《しょうぶん》が真面目《まじめ》なので嘘を「ゆう」ことができない。これをかけた洒落《しゃれ》なのである。

「い」と「ゆ」、もう一つこんなのを考えてみよう。
●かわゆい女の子
時々目にする表記である。ただし、若者雑誌などの、わざと崩した文章で見かける表記だ。だから、「かわいい」が本来の表記で、「かわゆい」は俗語的な表記なのだと思えるが、本当にそうだろうか。

確かに、現代は「かわいい」が正しい表記として定着している。辞書の見出し語も「かわいい」を採用しており、「かわゆい」を採用するものはまずない。漢字表記も「可愛い」である。しかし、「愛す可《べ》き」だから「可愛い」とするのは当て字である。こんな漢文風の言葉が日常語となることはない。

「かわいい」は、むしろ「かわゆい」の方が本来の表記である。二葉亭四迷の『平凡』にも、愛犬の話がこんな風に出てくる。

「父はばかだと言うけれど、ばか気て見えるほど無邪気なのが私は可愛ゆい」

古語辞典にも「かはゆし」で出ている。「かわゆい（かはゆし）」は、元の形は「かほはゆし」。「顔・映ゆし」で、顔が赤らむ、顔に表情が出る、という意味だ。古くは、恥ずかしくて顔が赤らむことを言い、やがて、見ていられないほど不憫《ふびん》なこと、さらに、現在と同じ意味での「かわいい」ことに意味が広がった。

日本語の「かわいい」は英語のprettyとは微妙にちがい、保護本能をかきたてるようなというニュアンスが感じられるのも、この由来を考えればわかるだろう。

「かわいそう」は漢字で「可哀そう」と書くが、これも同原の言葉である。「愛」と「哀」を使い分けた当て字なのである。

逆効果の大恥広告

一九八八年のことだから、ずいぶん昔だ。十二月十二日付朝日新聞を見て、私は驚くやら大笑いするやら。翌日から大騒ぎになるだろうと期待していたのだが、不思議なことに鼠《ねずみ》一匹ほどの騒ぎにもならず、そのことに再び驚いた。当時八百万人の朝日読者のうち、誰一人としてそれに気づかなかったのか、と。

それは朝日新聞の紙面まるまる一ページを使った大きな広告記事である。広告費用は、どう安く見積もっても一千万円はしている。広告主は、電機メーカーＮＥＣだ。当時爆発的に広がりつつあったパソコンやワープロの初心者ユーザーのためのＮＥＣパソコン・ワープロ教室の宣伝広告である。そこにはイラストとともに大きな文字で、こう書かれていた。

「来年こそは、なんて気張らない人が
以外にがんばったりする。
冬、知性にここちいい刺激です。
NECパソコン・ワープロ教室」
「意外に」を「以外に」と書いて「知性にここちいい」のもまずいが、とりわけ広告の趣旨から見て非常にまずい。ワープロ教室の宣伝広告だからだ。これじゃ、NECワープロは誤変換が起きやすいと宣伝しているようなものではないか。推定一千万円の大金を投じて逆効果の宣伝をしたのでは話にならない。これは大騒ぎになるぞ、と思ったが、先に言ったように、何の騒ぎにもならなかった。

ただし、私は某大学の文章講座の教材にこれをコピーして使っている。たかが誤字誤用と軽視するなかれ、特に広告文案では大恥をかくよ、と講義しながら。それ以後も逆効果の誤字誤用広告を見ると、せっせとスクラップブックに集め、教材をふやしてきた。

最近の傑作選を紹介してみよう。

二〇〇五年九月九日付の産経新聞に書籍広告が掲載された。情報センター出版局から出た荒井広幸の新刊の宣伝広告である。その書名にまず驚いた。

『ワレ抵抗勢力ト言ワレドモ…』

荒井広幸は、小泉ブームの演出者である自民党広報局長（当時）である。しかし、荒井は郵政民営化反対論者であり、小泉首相からの「叱責覚悟で、やむにやまれず書き下ろした」という。郵政民営化、構造改革の是非は、正直言って私にはよくわからない。しかし、日本語になっていないひどい書名だというのはすぐわかる。

「言ワレドモ」って、何だろう。現代文なら「言ワレテモ」である。文語文なら「言ワルレドモ」である。そもそも、なんでここで文語文なんか使わなければならないのだろう。平易に現代文で「言ワレテモ」と書けばいいではないか。

その上、この本の表紙の写真に、こんな惹句《じゃっく》まで見える。

「今、小泉サンニ棹ササナケレバ国民ガ流サレル」

「棹さす」を荒井広幸は「止める」という意味だと思っている。もちろん、意味は正反対で、流れに棹させば舟は加速する。

自民党広報局長の日本語力に慄然《りつぜん》とする。

二〇〇五年十二月十日の日経新聞には、紙面の三分の一を使って、こんな美術広告が出ていた。『東海道五十三次』などでよく知られる浮世絵師歌川広重の『松に鷹』の復元木

版画の広告である。広告主はフォーラム椢《かや》という美術商である。軸装で二十三万円（税別）という高価な商品だ。

この『松に鷹』の説明に、こうある。

「『初日の出　周りも　際《きわ》は　なかり鳧《かも》』と記された浮世絵。常緑の松の老樹に猛々しい鷹を描き、背景には日輪が輝き『広重筆』とサインが入れられています」

びっくりした。あわてて図版の写真を見てみると、ああ、よかった、さすがに広重の現物にはおかしなルビ（ふり仮名）はついていない。それにしても、この誤ルビで広告効果は激減だ。

「際《きわ》」はよい。しかし「鳧《けり》」を「かも」と読むか。「けり」は詠嘆・過去の助動詞、これを洒落て水鳥の「鳧」の字を当てることがしばしば行なわれた。「かも」も文語文でよく見る助詞だ。そこで、うろおぼえのまま、「鳧」って何かの鳥だったよな、そうそう、かもだ。てな調子で誤ルビをふったわけだ。かもなら、漢字は「鴨」である。

この版画の題名『松に鷹』には、なぜかルビがふられていない。私は無学なのでよくわからぬが、これは『松に鷹《さぎ》』と読むのかな。

車が入るから車庫なんだよ

自転車を「チャリンコ」、略して「チャリ」と言う俗語は、かなり広がり、定着してきた。主婦が買い物に乗るような自転車は「ママチャリ」、オートバイの小さなもの、すなわち原動機付き自転車は「原チャリ」などと呼ばれる。それなら、マウンテンバイクは「山《やま》チャリ」と呼ばれるかというと、そんなことはない。英単語の頭文字を組み合わせて「MTB」である。

この「チャリンコ」、四十年ほど前の大型国語辞典を引くと、ちゃんと出ている。ただし、意味は全然ちがっていて、「子供のスリ」である。子供のスリなんてものが、職業（非合法だが）として存在していたのは、終戦直後の混乱期までだろう。三十年ほど前でさえ、もっと昔の小説などにしか登場しない死語であった。この「チャリンコ」は、おそらく小銭の入った財布をすり取る時の擬音と、子供を表す俗語「ジャリ」から来ているのだろう。俗語の語原は、典拠がありえないので、いつも「おそらく」付きでしか語れないのだが、まずまちがいはないところである。

さて、話を自転車の「チャリンコ」の方に戻そう。この語原は何なのだろうか。

これもかなり確かな「おそらく」なのだが、自転車のベルの擬音と朝鮮語の「自転車《チャヂョンコ》」から来たものと考えられる。「チャヂョンコ」が「チャリンコ」に転訛《てんか》するのは自然である。つまり、「チャリンコ」は数少ない朝鮮語起原の現代日本語なのである。

しかし、このことを日朝日韓友好の証《あか》しと考えるのは早計である。事情はもっと複雑なはずだ。自転車は朝鮮で発明されたわけでもなく、韓国の重要な輸出産品というわけでもない。この自転車は本場ものだよと気取って「チャリンコ」と呼んでいる人はまずいないだろう。それどころか、自転車をあえて「チャリンコ」と呼んだ背景には、差別感情から来る偽悪意識があったのではないか。アメリカの白人が、わざとスラムの黒人訛り風に英語を崩して使ってみるのと同様なのである。もっとも、私は、それを非難しようとは思わない。差別をも含めて文化は文化だと考えているからだ。

ところで、「自転車」と「自動車」は、一見したところ字面《じづら》がよく似ている。ヒットした昭和三十年代設定の映画『ＡＬＷＡＹＳ　三丁目の夕日』に、こんな話が描かれている。集団就職で上京して来た少女の履歴書に「特技：自転車修理」と書いてあるのを、自動車修理工場の工場主が「特技：自動車修理」と勘ちがいしてしまう悲喜劇だ。むろん、ドラマだから誇張されているのだが、あってもおかしくはない話である。

「自転車」と「自動車」は、字面が似ているだけではなく、音感もかなり近い。「自転車」は、正しくは「じてんしゃ」と読むのだが、しばしば「転」が濁音化して「じでんしゃ」と発音される。これだとさらに「じどうしゃ」に近く聞こえる。

それなら、朝鮮語ではどうか。

南でも北でも、朝鮮語では、漢字をほとんど使わないようになり、日本語の仮名《かな》に当たるハングルが主に使われているが、漢語起原の言葉はきわめて多い。「自転車」も「自動車」も、漢字で書けば日本語と同じであり、二つの語が似た字面になることも当然ながら同じである。しかし、この二語の発音は、かなりちがう。

●自転車（チャヂョンコ）

●自動車（チャドゥンチャ）

「自転」と「自動」は、日本語と同じように字面も音感も似ているのに、同じ字の「車」

を「コ」と「チャ」と読み分けている。「車」は日本語の音読みで「しゃ」。朝鮮語読みでは「チャ」の方がこの系統に属することがわかるだろう。

そうなると、「自転車《チャヂョンコ》」の「車《コ》」は、何だろう。ちょっと理解しがたい音《おん》のように思える。しかし、「車」に「广《まだれ》」をつけてみよう。「庫」となる。「倉庫」の「こ」だ。普段我々は使わないが「車」にはコの音《おん》が隠れている。大型漢和辞典を見ると、「車」の呉音《ごおん》に「こ」の音もあると出ている。

日本に留学して以来滞日歴が永い韓国の研究者に、「自転車《チャヂョンコ》」と「自動車《チャドゥンチャ》」で「車」の読みがちがう理由を説明してやったら、自分も今まで知らなかったと感心していた。君は朝鮮語もあまりよくわかっていないようだな、と差別してやったら、彼は照れくさそうにニヤニヤ笑った。

【補論】

「チャリンコ」「チャヂョンコ」については、高島俊男『お言葉ですが…別巻④「ことばと文字と文章と」』（連合出版）に言及されている。車をコと呼ぶのは上古音だけなのに、現代語に入っているのは不思議である、と指摘がある。さらに研究が必要なようだ。

それは代名詞だよ

私の中学時代の話である。若者雑誌の読者投稿ページには「文通相手求む」の告知が必ずといっていいほど出ていた。一九六〇年代の昔である。ケータイ電話どころか、据付《すえつけ》の電話さえ一般家庭に普及していない時代だから、こんな牧歌的な男女交際がありえたのだ。

友人の一人が、そんな告知欄を見て、これはと思う女の子に手紙を出した。数日後、首尾よく返事が来た。手紙は、水茎《みずぐき》の跡も麗《うるわ》しくとまではいかないが、一生懸命きれいに書こうとした文字でしたためられていた。おそらく、ペン習字のお手本を横に置き、一時間も二時間もかけて書いたのだろう。

友人は、自慢気にその返事の手紙を私たちに見せた。私たちは皆、少しうらやましかった。しかし、すぐにおかしなことに気づいた。何だぁ、これ。誰かが手紙の一節を示して言った。そこにはこう書かれていた。

「貴女から御手紙を戴いて、嬉しさの余り直にペンを執りました」

むやみに漢字が使われているのは、いっそいじらしい。しかし、「貴女」って何だ、「貴女」って。おまえ、いつから女になったんだよ。私たちがそう言うと、友人は、いや、そういうところが何となく可愛いじゃないかと、恥ずかしそうにペンフレンドを弁護した。

彼女は、本当にペン習字のお手本を横に置いて返事を書いたのだろう。お手本に、「あなた」の漢字表記が「貴女」とあったので、これもお手本通り「貴女」と書いたのである。確かに、可愛いと言えば可愛いのだが。

その後、友人が彼女とどれだけの間文通を続けていたのかは知らない。しかし、彼女がやがて高校か短大を卒業して就職試験を受ける時は大丈夫だったろうか。「小社を志望した理由を二百字以内で記せ」という質問に、「小社の将来性を評価して」などと書いていたのではなかろうか。人ごとながら心配である。

大学時代、別の友人の話である。

私と友人は、谷中《やなか》の墓地を散歩していた。ここには、歴史の教科書に出てくるような政治家や文学者の墓がいくつもある。旧華族の墓などは墓域も広く墓石も立派だ。そんな一つを見ていて、友人がこう言った。子爵《ししゃく》なんていったって、不人情なもんだな、奥さんは籍に入れてないよ。友人が指さす墓石を見てみると、子爵何野誰某の墓と刻まれてあり、そこに並べて、確かに姓がちがうように見える女の名前が刻まれている。元芸者かなんかだったんだろうなぁ、親族の反対で入籍はできなかったんじゃないか。友人は悲憤に堪えないという表情だが、それはちがうようだぞ。墓石には、妻の名がこう刻まれていた。

「室淑子」

旧姓「室《むろ》淑子」のまま、未入籍で子爵の夫に添い遂げた……わけではない。これは「室《しつ》」。「正室」「側室」の「室」で、妻という意味である。

同じく大学時代、また別の友人の話である。彼は、知ったかぶりの中途半端な知識をひけらかして、人に嫌がられたり馬鹿にされたりしていた。そして自分では気づいていない。まるで、落語の「酢豆腐《すどうふ》」である。

ある時、彼はこんなことを言った。安藤って純朴でいい奴なんだけど、そが強いんだよな。「そが強い」？　私たちは、聞き慣れない言葉に不思議そうな顔をした。彼は、得たりとばかり、こう説明した。

いやぁ、君たちには、ちょっと難しい言葉だったかな。ちゃんと明治の古典を読んでいりゃ、わかるんだけどね。「そ」というのは方言のことだよ。ほら、安藤って秋田出身だろ。だから、言葉に訛りが出る。方言のことを古くは「そ」と言ったのさ。現代ではほとんど使われないけどね。明治時代にはよく使われたんだよ。典型的な例を挙げると……。

彼は、石川啄木の有名な短歌を例に出した。

「ふるさとの訛りなつかし

停車場の人ごみの中に

そを聴きにゆく」

啄木って岩手生まれだろ。上京後も故郷の方言が懐しくて、上野駅の雑踏の中に「そ」を聞きに行ったんだ。上野駅は東北方面の玄関口だから、あのあたりは「そ」を話す人が多いんだね。

「そ」のほかに、どんな「そ」の用例があるのか知りたいところだが、彼とは三十年以上音信不通である。

名前の無理読み百姓読み

小椋佳というシンガーソングライターがいる。作詞作曲に加え、自らコンサートに出演したり、レコードやCDも出している。しかも、学歴、職歴がすばらしい。東京大学法学部を卒業後、現在のみずほ銀行に就職。エリート銀行員として仕事をしながら、音楽活動を続けていた。最近、東京大学の文学部に再入学したと報じられた。いくつになっても向学心が旺盛で、やはり一流の人物は私のような凡人とはちがう。

しかし、国語力がちょっと変だな。

小椋佳の作品で大ヒット曲となったのは、一九七五年、布施明が歌った『シクラメンのかほり』である。この「かほり」、現代仮名遣いでも変だし、歴史的仮名遣いでも変だ。前者なら「かおり」、後者なら「かをり」である。「お」を何でも「ほ」と書けば歴史的仮名遣いというものじゃない。ラ行音を何でも巻き舌で発音すれば英語になるというわけではないのと、同じだ。riceは米、liceはシラミだ。ま、米もシラミも、ちょっと見には似ているけれど。

それにしても、なぜ「かおり（かをり）」ぐらい辞書を引かなかったのだろうか。それに、そもそも、なんでこんなところに歴史的仮名遣いを用いなきゃいけないのだろうか。どうも、ほかしな、いや、をかしな国語感覚である。

「かほり」だけではない。小椋佳の名前も変だ。「小椋」は「おぐら」でいいのだが、「佳」は「けい」とは読めない。音《おん》読みなら「か」、訓読みなら「よし」が普通である。これを「けい」とするのは、旁《つくり》の「圭」に引きずられた百姓読みである。これも感心できない。

「小椋佳」はペンネームだが、本名で「佳」を「けい」と読む人が時々いる。親がつけた名前で、本人に責任はないし、他人である私が批判がましいことも言いにくいが、それでも気にはなる。

かつて公明党の委員長を務めた矢野絢也という辣腕《らつわん》の政治家がいる。私は公明党とは縁もゆかりもないけれど、この矢野絢也のファンであった。テレビの党首会談などを見ると、頭脳のキレ、弁の立ち方、伏線の張り具合、落とし穴の掘り方、実に見事で惚れ惚れした。ただ一つ、名前だけが気に入らなかった。「絢也」で「じゅんや」。これは「けんや」と読むべきだろう。

高校の国語の試験に「絢爛豪華」の読み方を書け、というのがよく出る。「じゅんらんごうか」と書くとバツ。「けんらんごうか」が正解である。「絢」を呉音で「じゅん」と読まないわけでもないが、熟語にする場合はまず「けん」と読む。

保守系の論客に小谷豪冶郎という人がいる。関西の大学の学長も務めていたが、最近は名前を見ない。亡くなったかもしれない。

この人の名前は「ひでじろう」と読む。「豪」を「ひで」と読むのは、まあよい。そういう読みもある。しかし、「冶郎」を「じろう」とするのは苦しい。「治郎」なら「じろう」だが、「冶郎」なら「やろう」である。遊び人のことを「遊冶郎《ゆうやろう》」と言うが、その「冶郎」だ。「小谷豪冶郎」という名前を初めて目にした時、どうしてこれで「ひでじろう」と読めるのか、不思議だった。かなり長い間考えて、やっとわかった。「冶」は「鍛《か》冶屋《じや》」の「冶」だというリクツである。しかし、「鍛冶」は当て字だ。「金打《かねう》ち」が「かぢ」に変化し、鍛造《たんぞう》・冶金《やきん》の意味で「鍛冶」と漢字を当てたのである。その「冶」を

「じ」と読ませるのはまるで判じ物だ。ま、これも当人の責任ではないのだけれど。

登山家に植村直己という人がいた。かなり前のことだが、冬のマッキンリーを下山中に消息不明となった。

この「直己《なおみ》」という名前、同じ読みで「直巳《なおみ》」と書く人も多い。「巳」は十二支の「み」だから、「直巳」は「なおみ」でよい。しかし、似た字だからといって、「己」は「み」でいいのだろうか。

これは判じ物ではなく、「己」は「み」でよい。『論語』の憲問《けんもん》篇に「修己《しゅうこ》（己《おのれ》を修める）」という言葉が出てくる。これは「修身《しゅうしん》（我が身を修める）」という意味だ。「己」は「身」だから、「み」と読むのである。

「文盲」をブンモーと読む明盲

前回、「かじや」を「鍛冶屋」と書くのは当て字だという話をした。「かぢ（じ）」の語原は「金打ち」だからである。中にはこの語原説に疑問を持った読者がいたかもしれない。「かぢ」は、鉄を打つ時の「かち、かち」という音から来たと、一応は考えてもいいからである。語原には、こういう単純な例が意外に多い。しかし、「かぢ」の語原は、まちがいなく「金打ち」である。後に、鉄を打つ音の連想が重なったことは十分ありうるが、本来の語原は「金打ち」なのである。

どうして、そんなことが断定できるのかというと、中間的な移行形が古典に確認できるからである。古語では「鍛冶」と書いて「かぬち」と読むものが多い。つまり、「かねうち」→「かぬーち」→「かぬち」→「かんち」→「かっち」→「かち（かぢ）」、という変化をたどったものと考えられる。この移行形すべてが文献上確認できるわけではないが、「かぬち」が確認できれば、あとは発音上自然な変化と見てよい。

さて、この移行形の「かんち」「かっち」の上に「目」をつけると、現在では公的な場所で使うと大問題になる差別語となる。「目かんち」「目っかち」、すなわち、片目が盲目の人を指す言葉である。標準語では「目っかち」を使うことが多いが、方言も多様で、愛知県人である私は、少年時代、「がんち」と言っていた記憶がある。

片方の目が盲目である人を指す「目かんち」と鍛造業者を指す「かぢ屋」がなぜ似ているかというと、もともと同じ言葉だったからである。刀鍛冶《かたなかじ》は、刀を打つ時、刀身に歪《ゆが》みがないことを確めながら槌《つち》をふるう。目の前に刀身をつき出し、片目をつむって、真直《まっすぐ》であることを確認する。その目が「目かち」である。すなわち、鍛冶屋のように片目だから「目鍛冶」なのだ。

古来そう説明されてきたが、民俗学者は、そこにもっと深い意味を読み取る。柳田國男は、片目の神、片足の神と、鍛冶屋の信仰との関係を推測している。それを承《う》けて、谷川健一は、鍛冶屋が高温の炉を見つめて目を悪くすることや、外国にも片目の火の神があることも考察している。

「目っかち」「がんち」という言葉を抹殺したところで盲人の目が見えるようになるわけでもなく、豊かな言語生活が送れるようになるわけでもない。逆に、広大な言葉の連鎖が視野に入らなくなるだけなのだ。

明治四年に生まれ昭和四十年に九十四歳で没したジャーナリスト篠田鉱造《しのだこうぞう》は、幕末維新期の貴重な聞き書き集「百話」シリーズでよく知られる。その一つ『明治百話』に、こんな話がある。

東京牛込市ヶ谷に床屋の賢七という老人がいた。賢七老人の自慢は、小さな床屋を営みながら育てた息子で、この息子は小学校の教師にまでなった。賢七老人は、そのことをこう語る。

「親父はこの通り盲《めくら》ですが、一人息子《むすこ》は、まず難有《ありがた》いことに、学校教師にまで仕上げました」(『明治百話』上、岩波文庫)

賢七老人は床屋である。それが「この通り盲ですが」と語っている。ということは、息子を教師にした後、不幸なことに失明してしまった。もちろん、床屋は廃業せざるをえないが、立派な息子に養ってもらえる。不幸中の幸い……という話なのだろうか。どうもちがうようだ。賢七老人は、盲のまま床屋をやっている。明治の初めまでは、盲人の床屋がいたのだ……というのも、もっとちがう。いくら明治時代でも、そんな無茶なことがあるはずはない。

さあ、これはどう解釈したらいいと思うか。と、私はある大学の講義で話した。

一人の学生が、おずおずと手を上げた。「先生、それはブンモーということですか」

馬鹿、お前がその「文盲《もんもう》」だ。でも、まあ、「文盲」という言葉を知っていただけいいか。私はその学生を半分だけほめてやった。

文盲とは、生理的には目が見えても、文字が読めない人を言う。「明盲《あきめくら》」とも言うし、単に「盲」とも言う。このことが差別語狩りでわからなくなりつつある。

「盲」をむやみに使うな、というわりには、「盲腸」blind gut もそのままだし、光を遮《さえぎ》って部屋を暗くするブラインドが問題になったことも一度もない。すぐそこにある blind が目に入らないのだろうか。

短いのも一長一短

二〇〇六年六月初め、東京都港区のマンションで高校生がエレベーターに挟まれて死亡する事故が発生した。原因調査が進むうちに、同じメーカーのエレベーターが各地で類似の事故を起こしていたことも発覚、連日のようにエレベーターの安全点検のニュースが報じられている。

メーカーや行政の責任追及は、私の任ではない。それとは別に、期せずして、この事件報道に言葉の表記法の不備が現れていることが興味深い。

このエレベーター製造会社はスイスに本部のある「シンドラーエレベータ」である。見てわかる通り「エレベーター」の表記に「ー」がない。同一記事の中に会社名と普通名詞とで不統一が生じる。もっとおかしかったのは、ニュース放送のアナウンサーが「シンドラーエレベータ製のエレベーターは……」などと厳密に発音を区別していたことだ。確かに、そりゃそうだろうが、聞いている方としては滑稽に聞こえてしかたがない。

この「ー」という記号を、国語学者は長音符と言い、編集者などは音引《おんび》き記号と俗称している。つまり、前の音の母音を長く延ばす記号である。これは記号であって文字ではない。文字は単独で読めるが、記号は単独では読めない。音そのものを表しているわけではないからだ。「ー」もこれだけでは読みようがなく、記号である。

言語は原則として文字だけで表記できなければならない。そうでなければ表記体系として不完全である。日本語も、本来、平仮名と漢字ですべて表記できる。

●ああ、そうか。

このうち「ああ」は長音符で書くこともある。

●あー、そうか。

こうすると、表現が生々しく、時には俗っぽくなる。音感性が強くなるからである。

長音符は、平仮名では、「あー」のような音感性の強い場合にのみ用いられる。一方、片仮名言葉、すなわち外来語には頻用される。これは外国の言葉を音写したものだからである。ところが、外国語の発音は、聞く人によって受け取り方が微妙に異なる。また、外国語の音写は文字数が多くなりがちだから、省《はぶ》ける文字は省こうとする心理も働く。そのため、音引き表記には不統一が生じる。最近では、語末の「ー」を省く傾向が強い。

●コンピュータ

●パーティ

いや、人ごとではない。私もしばしばそう書いている。しかし、アルコール類の出ない紅茶とケーキのパーティは、こう書く。

●ティーパーティ

整合性を考えれば、

●ティパーティ

となるはずだ。しかも、そのパーティでクラッカーの上にパティを載せたものが出るとすると

●ティパーティではパティの載ったクラッカが出た。

とならなければならない。しかし、実際にはそんな風には書かない。自分でも何を基準に書き分けているか、よくわからないのだ。

洋風の上ばきslipperの表記も「スリッパ」で定着した。四、五十年前は「スリッパー」

と表記した文章もよく見たが、今では「スリッパー」とすると、かえって何のことだかわからないまでになった。しかし、これはどうか。

●コンピュータのメモリ

出力や電圧の目盛りみたいである。

●本塁ベースの上のバッタ

田舎の草野球かな。長閑《のどか》ではあるが……。

世界大会もあって今流行のサッカーは、

●流行のサッカ

印税のマネが気になる。いや、マネーが気になる。

人名だと、さらに変だ。

『黄金虫』『モルグ街の殺人』などで知られる探偵小説の祖E.A.Poeは、

●E・A・ポ

歴史学者のE. H. Carrは、

●E・H・カ

チェリストのゲーリー・カーは、

●ゲーリカ
いや便秘気味なんだけど。
歌手のDonna Summerは、
●ドナサマ
どなた様だろう。
字数を節約すればいいというものでもなさそうだ。

ぞうさんには敬称がつくのね

広義の敬語に丁寧語や美化語がある。必ずしも話の相手を敬っているわけではないが、話題になっているものやことを丁寧に、あるいは美化して表す言葉だ。「酒」を「お酒」、「神」を「神様」というのも、接頭語や接尾語による丁寧語・美化語の表現である。こういう表現は、適切に使うと上品で美しいが、使いすぎるとそれこそバカ丁寧だし、時には幼稚な感じさえ与える。なぜか幼稚園児の言葉に、こうした過剰な丁寧語・美化語が多いからだ。しかし、それがまともな大人たちの間にも広がりつつある。どうも社会全体が幼児化しているような気がする。

動物に「さん」をつけて人間なみに扱う表現も、こうした幼児的な丁寧語・美化語だろう。事実、童謡、童話のたぐいに、この表現が多用されている。まど・みちお作詞、團伊《だんい》玖磨《くま》作曲の『ぞうさん』がその典型である。

『ぞうさん』
ぞうさん
ぞうさん
おはなが　ながいのね
そうよ
かあさんも　ながいのよ

「ぞう（象）」が「ぞうさん」、「はな（鼻）」が「おはな」である。情況設定も、母親と幼児の会話風になっている。

この歌だけに限らない。動物園に遊びに来た家族連れなど、ほとんどの動物に「さん」をつけて話している。「ぞうさん」「きりんさん」「くまさん」「らくださん」「ペンギンさん」……。

しかし、「さん」がつきにくい動物もある。栗鼠《りす》は「りすさん」とはなりにくい。見た目は可愛く親しまれやすいのに、ほとんど「さん」がつかない。可愛さでは栗鼠と並ぶ兎《うさぎ》は、「うさぎさん」となりやすい。栗鼠と兎とでは何がどうちがうのだろう。

狐と狸も、見た目は悪くないのに、まず「さん」がつかない。これは民話などで悪役が多いからかもしれない。

爬虫類は、どうか。蛇やとかげは「さん」はつかないが、亀はほぼ確実に「かめさん」である。鰐《わに》も、凶暴であるはずなのに、「わにさん」となりやすい。

鳥類は、ペンギンだけはかっこうが人間に似ているからだろうか、「ペンギンさん」となりやすい。鶴や鸛《こうのとり》は民話で親しまれているにもかかわらず、あまり「さん」はつかない。

どうもよくわからない不思議な語法である。こんなおかしな語法が広がったのは、ここ数十年のことだと記憶する。岩波文庫の『日本童謡集』（与田凖一編）をぱらぱらめくってみても、動物に「さん」をつけた例は見当たらない。

『めえめえ児山羊《こやぎ》』　　藤森秀夫

めえめえ　森の児山羊

児山羊走れば　小石にあたる
あたりゃ　あんよが　あ痛い
そこで児山羊は　めえと鳴く

「足」を幼児語で「あんよ」と言っているのに、「児山羊さん」とは言っていない。

『兎のダンス』　　野口雨情
ソソラ　ソラソラ　兎のダンス
タラッタ　ラッタ　ラッタ
ラッタ　ラッタ　ラッタ　ラ

ここでも兎は呼び捨て（というのも変だが）である。

二つとも大正期に作られた歌で、戦後まで半世紀以上長く歌い継がれた。一九七〇年頃まで、動物は敬語ぬきで当然だったのだ。

もっとも、何百年も前から敬語つきで語られてきた動物もある。「お馬」と「お猿さん」

だ。しかし、馬とともに重要な家畜である牛は「牛さん」とは言わないし、最も近しい動物である犬と猫もそのままである。これには、恐らく宗教的意味があるのだろう。馬は神社に奉納されて神馬《じんめ》となるし、猿は山王《さんのう》社の使わしめと考えられたからである。

虫で唯一敬語がつくのが「お蚕《かいこ》さん」である。絹糸が取れるという経済的有用性だけでなく、東北のオシラ様信仰などに見られる宗教性も関係していると思われる。

シェーッは日本語ザンスか

赤塚不二夫の『おそ松くん』が大ヒットしたのは、一九六〇年代のことである。従来のおっとりした滑稽による笑いとは次元のちがう爆発的な笑いが多くの読者をとらえ、ギャグマンガの画期となった。しかも、『おそ松くん』の作品生命は長く、テレビアニメになったり商品のキャラクターになったりして、何十年も子供たちに親しまれ続けた。

中でも、イヤミのシェーッは、これだけが独り歩きし、学校で街角で子供たちが真似をして教育関係者たちの眉をひそめさせた。後には、映画の「ゴジラ」シリーズにまで登場し、観客の困惑と苦笑を誘ったほどである。

イヤミというのは、その名の通り気障《きざ》で嫌味なフランスかぶれの男なのだが、驚いた時に手足を折り曲げて跳び上がり、シェーッと奇声を発する。どうやら自分では、「ヒエーッ」と言っているつもりなのだが、出っ歯なので音が漏れて「シェーッ」と聞こえるというわけだ。

さて、このシェーッ、なぜこんなに人気が出たのだろう。そりゃ、面白いからさ、という声が返ってきそうだが、それなら、どこが面白いのだろう。

実は、「シェーッ」は日本語には本来存在しない音《おん》なのである。だから、異様であり、笑いを演出することができたのだ。

日本語にはない音というと、普通ヴとかトゥとかの音を思い浮かべる。というよりも、日本語にないV音やTu音を表すために、ヴやトゥという表記が考案されたのである。しかし、これらは片仮名表記としてまだ熟さず、「バイオリン（ヴァイオリン）」や「ワン・ツー（ワン・トゥー）」の方がかえって自然に感じられる。

それに較べれば「シェーッ」には何の違和感もないように思える。しかし、そうでありながら、実は日本語にはない音であり、そうした点こそが「シェーッ」の面白さの秘密なのである。

次の言葉を括弧《かっこ》内を参照しながら見ていただきたい。

●セパード（シェパード）

●ミルクセーキ（ミルクシェーク）
●ランプセード（ランプシェード）
濁音の例も出そう。
●エンゼル（エンジェル）
●ゼリー（ジェリー）
●ゼントルマン（ジェントルマン）
いずれも外来語であり、シェまたはジェの音をセまたはゼと表記している。中には、現在ではセ・ゼで表記しないものもあるが、今なおセ・ゼの方が自然なものもある。つまり、英語教育が広く普及し英語の音韻体系に慣れる前の日本人には、シェ・ジェはセ・ゼと聞こえたのであり、そのようにしか表記のしようがなかったのである。

その証拠が五十音図にもある。ア行、カ行、サ行などは、五文字ずつ並んでいる。
●ア　イ　ウ　エ　オ
●カ　キ　ク　ケ　コ
●サ　シ　ス　セ　ソ
しかし、シャ行は三文字しかない。

●シャ　シュ　ショ

シィの音はもちろん、シェの音も空白になっている。一見ありそうに見えるのにシェの音は日本語には本来存在していないのだ。だからこそ、シェーッは新鮮であり、異様であり、面白く感じられたのである。

そもそも、このシャ行音全体が日本語の音の中では少数派で異質なのだ。シャ、シュ、ショを含む言葉はほとんど漢語か音便によるものか、そうでなければ歴史の新しい俗語的なものである。

シャの例。

●斜線
●会社
●しゃべる
●しゃがむ

シュの例。

●修行
●慣習

●苦しゅうない

ショの例。

●処置

●教科書

●そうでしょ

支那からの外来語である漢語はまだいくつでも思いつくのに、和語はきわめて少ない。

シェが日本語ではないなんて、驚いたザンスか。

「日本らしさ」でもいいんですが

二〇〇六年九月、安倍晋三新内閣が発足した。左派、革新派は、タカ派だの愛国主義者だのと批判するが、どんなものだろう。北朝鮮の拉致問題解決をはじめ、その他のアジア諸国にも、言うべきことを言うのは当然である。ただ、就任演説にむやみに片仮名語が使われていたのは、「美しい国」を主張する新首相にふさわしくないだろう。むしろ逆に愛国主義者らしくないという批判があっていいのではないか。

とりわけ違和感があったのは「カントリー・アイデンティティー」という言葉である。おかしな片仮名語を使うこと自体、日本人のカントリー・アイデンティティーに反しないか。

そもそも「カントリー・アイデンティティー」というのは聞き慣れない言葉である。本心では「愛国心」と言いたいのだが、それでは左派、革新派の反撥を招くので、これとは微妙に異なる「カントリー・アイデンティティー」を使ったのだろう。

英語では、通常、国を表す言葉は三つあり、少しずつ意味がちがっている。

●カントリー country：広く「国」。本来は土地の意味でそこから派生して、田舎、郷土の意味にもなる。

●ネイション nation：国民（これも同じく nation）の集合体としての「国家」。

●ステイト state：政体としての「国家」。

安倍首相は、愛国主義、国家主義ではなく、文化や歴史に力点を置いた日本を大切にしたい、という意図で「カントリー」と言ったのだろう。しかし、それを英語で言っちゃ、矛盾撞着《むじゅんどうちゃく》。

「アイデンティティー」に関しては、片仮名語もやむをえないかもしれない。訳語に適切なものがないからだ。もっとも、初めから別の言葉を選べばよかったのではあるが。

アイデンティティー identity には定訳がない。語幹のもとの形 idem は、ラテン語で「同一」という意味である。アイデンティファイ identify は、採集した昆虫や植物を図鑑で「確認」「同定」することなどに言う。アイデンティフィケーション identification は、

「身分証明」などを意味する。そのため「アイデンティティー」も、「自己確認」とか「自己同一性」とか「自己証明」とか「独自性」とか「主体性」とか、さまざまな訳語が作られたが、どれも定着しなかった。要するに、自分が自分であることの確認といった意味だ。いっそ「らしさ」とでも意訳した方がいいかもしれない。

この言葉が定訳のないまま広がり出したのは、一九八〇年代からだろう。ただ、英語としては存在していたので、古い英和辞典にも出ている。一九六〇年以前の辞典を見てみると、「身元」という訳語とともに「正体《しょうたい》」という訳語も当てられていて、膝《ひざ》を打つとともに、ちょっと笑った。

●三つ目の大入道の正体は狸であった。

この「正体」も、逆に英訳すると、identity となるのだろうか。

●観光客にまぎれて正体不明の外国人が税関をすりぬけた。

こっちの「正体」なら、identity でおかしくなかろう。「身元」という訳語も併記されているからである。

興味深いことに、朝鮮語（韓国語）では、「アイデンティティー」を「正体性《チョンチェソン》」と言う。これはなかなかよい訳語だと思う。

「正体」という漢語は漢籍には出てこない。日本で作られた漢語である。従って、朝鮮語に「正体」という言葉があるのは、恐らく植民地時代に日本語が入ったものだろう。

しかし、同時に朱子学的な「体・用」思想も反映されているように思える。

朱子学というのは、儒教の一学派である。きわめて体系的で、そのため支那・朝鮮・日本でかつて最有力の思想となった。とりわけ朝鮮では、政治から文化・習俗まで大きな影響を及ぼした。

「体・用」思想とは、本体とその作用ということで、日本語の文法用語にも「体言」「用言」として今もその痕跡を残している。ものごとの本体たる名詞（体言）、その作用を表す動詞・形容詞（用言）、という区分である。その「体」の「正」なることを「正体性」と名付けたのは、「自己確認」や「独自性」などより、文化と歴史を踏まえたよほど見事な訳語だと思う。

八分と八九三

最近また学校でのいじめによる自殺事件がいくつも報じられている。中途半端な対応策ではどうしようもないほど病根は深いようだ。ただし、ここではいじめそのものについては論じない。言葉についてである。

いじめには、いくつもの野卑な俗語が伴《ともな》う。憎悪や蔑視《べっし》など生《なま》の感情がぶつけられるから、高尚な言いまわしや知的な抽象語は使われない。そして、そういう俗語のほとんどが語原未詳である。もっともらしく語原を説明する人もいるが、あてにならないものが多い。

●キモい

これはわかりやすい。「気持ち悪い」の縮約形である。いじめの対象の子供を侮辱する時に使われる。しかし、「気持ちいい」を縮約したって「キモい」になるではないか。どうもつまらん俗語だと思う。

●ウザい

これも侮辱《ぶじょく》する時に使われる。鬱陶《うっとう》しい、わずらわしい、という意味である。一九九〇年代から広がりだした俗語だが、語原はよくわからない。北関東の方言に「うざったい」という言葉があるらしいが、その縮約形のようだ。しかし、「うざったい」の語原もはっきりしない。

●シカトする

無視する、仲間はずれにする、という意味である。この言葉もこの十数年で広がった。語原は花札から来ているという説がある。花札の十月の札は鹿の絵である。この鹿は顔を横に曲げてソッポを向いているように見える。それで、無視することをシカ。そこに、十月札であるから、「十」を「ト」と読んでくっつけ「シカト」となった。というのだが、あまりにも面倒な語原説だ。こうまで手の込んだことをして俗語を作らなければならないとは思えない。語原未詳とするのが最も正しいだろう。

●ハチブ

「村八分」の「ハチブ」である。これも仲間はずれにして、友達づきあいをしないことである。この「村八分」の語原を、人手が必要な最小限の二分（火事と葬式）だけはつきあうが、それ以外の八分はつきあわないから、とする説が広く信じられているが、全くの謬説《びゅうせつ》である。最小限の二分のうち、火事は村落共同体全体の危険であるが、葬式では嫌われている家が勝手に困ればいいのであって村落共同体の利害に関わらない。二分だけはつきあうという理屈は成り立たない。

「ハチブ」の語原は「弾《はじ》く」「はぶく」である。「弾く」は歴史的仮名遣《づか》いで書いても「はじく」だが、方言などには「はちく」と変化したものもある。「はぶく」の語原意識はまだ残っていて、最近の事件報道にも「ハブ」という言葉が出ていた。私の小学生時代である昭和三十年前後、名古屋の下町では、仲間はずれを「ハチ」「ハバ」と言っていた。

俗語の語原は、二分と八分などという面倒な成立過程を経るものは少なく、「弾く」「はぶく」という単純なものがほとんどだ。

いじめとは直接関係しないが、近い位置にある言葉も実は語原未詳である。

●ヤクザ

この語原として広く流布しているのが、花札の前身であるカルタ起原説である。無頼漢たちが好むカルタ賭博で、八・九・三の目が出ると合計が二十になり、下《しも》一桁がゼロで負けになる。現在のオイチョカブも同じだ。これにちなみ、何の役にも立たない連中を八九三と呼んだ、という説である。江戸時代の随筆には既に見られる説だが、どうも信じがたい。下一桁がゼロになる組合せは八・九・三だけではない。他にいくつもあるうち、この組合せだけを嫌悪する理由がわからない。それに、八・九と出たら合計が十七で、これだけで非常に有利だ。そこでもう一枚引くことは危険のみ高く、普通はこういう勝負はしないのである。それをやってしまうのが「ヤクザ」だと説く人もいるが、私は賛成できない。

私は「ヤクザ」の語原ももっと単純なものだと考えている。「ヤク」は「厄」または「役」。「厄」は「厄年」「厄払い」に使う。「役」は、悪い役回り、役目を背負わせる、という意味の「役」。この「厄」または「役」に人名風の語尾「蔵《ぞう》」「三《さう》」がつき「ヤクザ」となったのではないだろうか。

まあ、こんなキモくてウザイこと、誰も他に研究してはいないけれど。

奇しくも偶然に

先日あるパーティーに出席した時のことだ。挨拶に立ったエライ人が「きしくも同じ日に」などと言っている。列席した人たちは、誰も笑わない。ま、これが大人の対応なんだろう。私もそれにならった。

この「きしくも」は「奇《く》しくも」を読み誤ったものである。「奇」は「奇妙」の「奇」で、不思議なことにという意味だ。読み誤りやすいので、中学や高校の国語の試験にはよく出題される。社会的地位の高い人がまちがえると教養を疑われて恥をかく。この言葉を読み誤りやすいのは、「き」も「く」も同じカ行音で一音だからである。しかし、この「き」は音《おん》で、「く（くし）」は訓である。音と訓が、奇しくも、似てしまったのだ。

「奇」を「き」と読むのは、先にも言った「奇妙」や「奇人」「怪奇」などで、漢字熟語としてよく使われる。「奇」を「く」と訓読みすることは、現代語ではほとんどない。使われるのは主に雅語としてである。

広く愛好されている文部省唱歌に『冬の星座』（堀内敬三訳詞、ヘイス作曲）がある。第一番の前半は、こうだ。

木枯しとだえて
さゆる空より
地上に降りしく
奇《くす》しき光よ

「さゆる」は「冴える」。さえ渡る冬の夜空から神秘的な（奇しき）星の光が降りそそぐ情景を歌ったものだ。この『冬の星座』は意外なことに戦後の昭和二十二（一九四七）年、中学の音楽用に作られた。原曲はアメリカでも親しまれている。

古文では「くすし」として出る。医者のことだ。『徒然草』の第百十七段に、こうある。

「よき友、三つあり。一つには、物くるる友。二つには、医師《くすし》。三つには、智恵《ちえ》ある友」

よい友達は、一が物をくれる友達、二が医者、三でやっと知恵のある友達、とは、現実主義者の兼好法師らしい身も蓋《ふた》もない言葉だ。兼好法師自身は、知恵はあったろうが、医者ではなかったし、物もくれなさそうな人であった。友達は多かったのだろうか。

「医師《くすし》」は、容易に想像がつくように、「薬師《くすりし》」である。現在のように医薬分業が確立される前は、両方とも同じ仕事であった。「くすり」は、不思議な効力を発するから「奇《くす》り」である。

音と訓が偶然に似る例は他にもある。

●死

●死ぬ

古代支那語の「死《シ》」（現代支那語でもシ）が文字とともに日本に入ってきたのが音《おん》である。一種の外来語だ。それが偶然日本の固有語（大和言葉）に似ていた。「名前」とname、「道路」とroadが似ていたようなものだ。「し」と「しぬ」は偶然の一致なのである。

もう少し面倒なものもある。

●武道の奥義を極める。

この「奥義」は、「おうぎ」とも「おくぎ」とも読む。そのため、「おくぎ」がウ音便で

「おうぎ」になったと思っている人が多い。しかし、これは音便による変化ではない。「おう」は音《おん》、「おく」は訓だからである。

「奥義《おうぎ》」は漢籍にも出てくる。漢籍に出てくるぐらいだから、当然音読みである。しかし、大和言葉の「おく」に音感が近いため、「奥深い義」の意味で「奥義《おくぎ》」が使われるようになった。こちらは湯桶《ゆとう》読みである。

学生のレポートを見ていたら、こんな誤字があった。

●奥外に出て新鮮な空気を吸った。

確かに部屋の奥から外に出てくるのだけれど「奥外」とは書かない。「屋外」である。建物（屋）の外だからだ。

黒板に「屋外」と書きながら、こう説明してやると、学生は、えっ、先生、それは「やがい」じゃないんですか、と言った。話にならん。「屋《おく》」は音《おん》、「屋《や》」は訓である。

●奥外（誤字）
●屋外《おくがい》（建物の外）
●野外《やがい》（フィールド）

この学生は、野球の「外野」を「外屋」と書いているのではないかと思う。

身を粉にして働く

言葉は時代によって変化する。新語が生まれ、それとともに古い言葉が消え去ってゆく。こうした言葉の変化に応じて、新語辞典が編まれ、死語辞典も編まれる。新語辞典が実用性を中心に編集されるのに較べ、死語辞典は教養や娯楽を目的として編集される。死語に実用性があるはずもないが、これを懐かしみ歴史をふり返ることに文化的な意義はあるからだ。

しかし、それらの死語辞典に収められる言葉は、「隣組」「夕涼み」「たどん」といった、今では見かけなくなった風俗や生活用具ばかりである。誰もが、そうしたものがかつてあり、今では無くなったことを知っている。しかし、無くなったことにさえ気づきにくい言葉もある。特別むつかしい専門用語ではない。ごく普通に使われていた言葉が、知らないうちに忘れ去られている。「粉」がそれである。

読者は、一瞬えっと思ったことだろう。「粉」なんて、今でも普通に使うよ、と。確かに、そう思える。
●せんべいを踏んづけて粉になっちゃった。
●工場の中はセメントの粉が舞っている。
しかし、これは「粉《こな》」である。「粉」は「こな」以外の訓読みもある。
●身を粉にして働く。
粉骨砕身、力を尽くして働くことの慣用的な言いまわしだ。これは、身を「こ」にして働く、と読む。ところが、現在これを、身を「こな」にして働く、と誤読する人がふえている。

「粉」を「こ」と読むことがほとんどなくなったからだ。残っているのは「小麦粉」「からあげ粉」などの複合語の場合だけである。

しかし、昭和三十年前後の私の子供時代、「粉《こ》」はもっと広く使われていた。それが急速に衰え、「粉《こな》」に取って代わられるようになった。

意外にも「こな」は比較的新しい言葉である。どうやら江戸時代に方言として登場したらしい。『日本国語大辞典』は、元禄期（江戸時代中頃）の『男重宝記《なんちょうほうき》』の一文を早い用例として挙げている。

「くだけひしげたるを関東にてはこなにするといふ」

そして、この用例にあるように「こな」は近世に出現した言葉であり、それ以前は「こ」が用いられ、明治になってからも依然として「こ」が代表語形であった、とする。

「こ」は一音節語なので他の言葉とまぎれやすいため、「こな」が優勢になったようだ。

では、「こ」についている「な」は何だろう。学者はいろいろ推測しているが、私は、小さなものを表す接尾辞ではないかと思っている。

これは「砂」の「な」である。

砂は古く「す」という形で用いられている。砂がたまってできる「三角州」などの「州」も、この「す」である。

「す」の語原はおそらく「澄む」だろう。砂は泥とちがって、水を濁らせない。砂浜と言えば水の美しさを連想させる。三角州も、実際には泥で出来ているものもあるが、やはり砂で出来たものを思い浮かべる。

「す」一音では「こ」と同じように他の言葉とまぎれやすく、接尾辞の「な」が付いたものが「すな」なのである。

これを傍証する方言がある。「いしな」だ。

この言葉は、今では全く使われなくなったが、私の育った愛知県では昭和三十年頃までは普通に使われていた。意味は「石」と同じである。
●野良犬にいしなをぶつけて追い払う。
こんな風に使った。しかし、「石」と意味が全く同じではない。微妙なちがいがある。「いしな」は、大きい石には使わない。庭石を「いしな」とは言わない。小さいものは直径一センチ前後から、大きくても握り拳《こぶし》大までの石が「いしな」であった。だから、小石よりも大きさの範囲が広かったように思う。それでも、まあ小石と考えてまちがいはない。この「な」は、やはり小ささを表す接尾辞であろう。

方言辞典などを見てみると、「いしな」は東海地方だけでなく、北陸、近畿にもあるようだ。上方の言葉が周辺に広がったと説く本もある。

ごく身近なところで、言葉は動いている。

雪とどんぐり

日本語は擬声語（擬音語とも言う）や擬態語が多い言葉である。擬声語・擬態語には、聞く人の音感に直接訴えかけてくる力があるため、歌、とりわけ童謡や唱歌には効果的に使われる。半面、語の抽象度が低く、語義の輪郭があいまいになりやすい。

幼稚園や小学校でよく歌われる『どんぐりころころ』（青木存義《ながよし》作詞）を見てみよう。

どんぐりころころ　ドンブリコ
お池にはまって　さあ大変

一番の出だしの部分だが、これを「どんぐりころころ　ドングリコ」だと思っている人が多い。しかし、見ての通り、どんぐりが池に落ちた擬声語「ドンブリコ」である。ただ、「どんぐり」と「ドンブリコ」は一種の語路合わせになっているようだから、まちがえるのも無理はない。その証拠に、二番の出だしの部分はこうだ。

どんぐりころころ　よろこんで
しばらく一緒に　遊んだが

ここでは「ころころ」という擬態語と「よろこんで」が語路合わせになっている。音感を重視した楽しさが眼目なのである。

多くの人がまちがえて歌っている唱歌は他にもある。文部省唱歌『雪』がそうだ。作詞者ははっきりしないが、講談社文庫の『日本の唱歌』は、乙骨《おつこつ》三郎だろうと推測している。

雪やこんこ霰《あられ》やこんこ
降っては降ってはずんずん積る

これも誰もが知っている出だしの部分だが、まちがえて憶えている人が多い。

このところ国語学において主語という概念の再検討を提起して注目されている金谷武洋《かなやたけひろ》の近著に『主語を抹殺した男』（講談社）がある。同様の主張をした先人、三上章の興味深い評伝なのだが、その中に、金谷自身の青年時代の思い出として、こんな話が書かれている。

金谷武洋は東京大学を卒業後、カナダの大学に留学した。その大学院時代に、臨時に日本語講座の講師となった。受講生とのやりとりの中で、自分が習ってきた日本語文法（国文法）の不備や弱点を痛感し、後の主語否定論へつながることになる。その日本語講座で学生たちに『雪』を教える。歌詞をプリントし、言葉の説明をし、皆で歌うのだ。

その授業中、学生がこう質問した。先生、雨ならわかりますが、雪に降る音はないでしょう。「こんこん」って何ですか。金谷武洋は答える。日本語には、擬音語の他に擬態語も多くて、雪は「こんこん」とも降るし、「しんしん」とも降るんだよ。それに「こんこん」と眠ることもあるんだ、と。ふと教室の窓の外を見ると、ちょうど雪が舞い始めていた……。

感動的なシーンだが、日本語教育としては少し不正解だ。先に引用した通り、この歌の出だしは「雪やこんこ霰やこんこ」であって、「雪やこんこん霰やこんこん」ではない。当然「こんこん眠る」とも無関係だ。

「こんこん」と眠るのは「昏昏《こんこん》」である。「昏昏」は暗いさま、深く眠るさまを表す言葉で、漢籍や漢詩に古くから使われている。本来の日本語の擬態語ではない。

「しんしん」と雪が降るのも、『日本国語大辞典』によれば「涔涔《しんしん》」で、涙や汗が落ち、雨や雪が降る様子を表す漢語である。やはり、本来の日本語の擬態語ではない。

さてそれなら、雪や「こんこ」とは何か。

『日本の唱歌』では、国文学者の池田弥三郎の説として「雪よ来う来う」（雪よ来い来い）を紹介している。子供が空に向かって呼びかけているのだ。そうだとすれば、擬声語でも擬態語でもないことになる。

産経新聞のコラム『唄いつぐ』（二〇〇六年十月十三日付）に、射水市の大島絵本館の前館長高井進が書いているところによれば、『雪』の原型は、平安末期の日記文字『讃岐《さぬきの》典侍《すけ》日記』の中にある「降れ降れこゆき」だという。子供たちが雪にはしゃぎ、もっと降れと呼びかけているのだ。その結果として雪が「ずんずん」積もるのは、これは確かに擬態語なのである。

「虫」と「蟲」

日本語では、虫は「虫」である。しかし、英語では三種類あると、中学か高校で習う。昆虫がインセクトinsect、その中で丸っこくて小さい黄金虫や蟻などはバグbug、みみずや芋虫などはワームworm、という区分だ。しかし、本当は日本語でも、単純に虫は「虫」ではない。

まず第一に、「虫」が「蟲（虫）」ではない。現在、戦後の漢字改革による混乱がそのまま定着して、「蟲」と「虫」が同じ字だと思われているが、本来これは別字であった。

●蟲　ちゅう　意味は昆虫などの虫である。
●虫　き　意味は毒蛇、日本なら蝮《まむし》である。

「蟲」は画数が多いため、古くから筆記用の略字として「虫」で代用されていたが、戦後の漢字改革という名の漢字制限で、無理矢理「虫」に統一させられてしまった。その結果、これが単に画数を省いた字ではなく、別の字であったことが忘れられかけているのである。

「虫《き》」は、毒蛇の象形文字である。コブラを思い浮かべるとよくわかる。「蟲《ちゅう》」は、字を見れば、小さなものがごちゃごちゃ集まり蠢《うごめ》いている様子を表す会意《かいい》文字だと気づくだろう。その「蠢《しゅん》」にも「虫」が入っている。

次に考えてみたいのは、大和言葉（日本の固有語）の「むし」が、現在我々の考える昆虫より広い意味を持っていたということだ。

「むし」の語原説で最有力なのは、「むす（蒸す）」から来たという説である。確かに、湿度と温度が高いと虫が生まれやすい。また「草産《む》す」というように、「生じる」という意味だという説もあって、これも説得力がある。

「虫がわく」という言い方にも、虫が自然に生じてくる感じが込められている。「むし」が昆虫より意味が広いのも、こうしたイメージがあるからだ。「むしのいどころが悪い」とか「むしが好かない」という時の「むし」は、昆虫どころか、実在の生物でさえない。

「虫《き》」の「まむし」にも、「むし」が潜んでいる。「まむし」は「真虫」、虫の中の虫、虫の親玉という意味である。ここにも、大和言葉の「むし」が、哺乳類・鳥類以外の生物を広く意味していることが見て取れるだろう。

ところで、大阪で「まむし」と言えば鰻丼、鰻重のことである。このことは今では大阪ものテレビドラマなどで広く知られるようになったが、一九六〇年代まではさほど知られていなかった。私も学生時代この言葉を聞いた時、一瞬ぎょっとしたことを憶えている。鰻＝蝮という連想が働いたからである。

しかし、これは蝮とは関係がない。ごはんに鰻をまぶしたから「まむし」である。

最近全国的な人気が出てきた料理が、名古屋名物「ひつまぶし」である。これも少し前までは「ひまつぶし」などと誤読されることもよくあったが、今では東京や関西にも進出している鰻料理だ。名古屋名物といっても古い歴史があるわけではなく、戦後の物資不足の時代に考案されたらしい。鰻の蒲焼の切り落としをごはんの上にのせ、薬味《やくみ》を加えてまぜごはんにして食うのだ。小型のおひつに入れて供されるので「ひつまぶし」と呼ばれる。昨今では、蒲焼きの切り落としではなく、上物《じょうもの》の蒲焼きをわざわざ刻んでごはんの上にのせてある。大阪の「まむし」と名古屋の「ひつまぶし」が同系の言葉であることは、言うまでもなかろう。

さて、先程、大和言葉の「むし」が哺乳類・鳥類以外の生物を広く意味すると書いたが、支那では哺乳類も意味することがある。

「大虫《だいちゅう》（蟲）」という言葉がある。支那古典に時々出てくるが、そんなに頻出するわけではないようだ。私が初めてこの言葉を知ったのは『水滸伝《すいこでん》』である。辞書を見ると、他に『捜神記《そうじんき》』にも出ているとある。高校時代に『捜神記』を読んだ時には気がつかなかった。

この「大虫」は虎のことである。虫（生物）の中で最も偉大なものという意味だ。これには、虎に対する敬意と畏怖《いふ》の念が込められている。今では保護動物になっている虎だが、百年足らず前までは、人間や家畜を襲う猛獣として畏《おそ》れられていた。そんな虎をあからさまに呼ぶことを憚《はばか》って「大虫」と呼んだのである。

虎と紐

前回、虎の異称の話をした。支那古典に「大虫」という言葉が出てくる。大いなる生物という意味で、虎の異称である。今回も虎の名前の話を続けよう。

そもそも、虎をなぜ「とら」と言うのだろうか。

虎は、シベリア、支那、朝鮮、インドなど、広くアジアに棲息しているが、日本には、先史時代はともかく、有史以来野生のものは棲息していない。しかし、「虎」には訓がある。「とら」だ。訓は、本来は外国語（支那語）である漢字に、日本の固有語である大和言葉を当てはめて読んだものだ。すると、日本人は虎《こ》という外国の動物を知らないうちから、「とら」という言葉だけを使っていたのだろうか。そんなおかしなことは考えられない。

「とら」の語原には諸説ある。
人間や動物を「捕《とら》える」から「とら」だというのも、その一つだ。その単純さはかえって説得力があるが、やはり日本人が虎そのものを知らなかったからには無理がある。大陸の文物は多く朝鮮経由で日本に入って来たのだから、ここは朝鮮語起原説に耳を傾けてみよう。

現代の朝鮮語では、虎はポム、またはホランギと言う。このうち、ポムの方が伝統的な名称だ。古語では、このポムが入ったチュル・ポムが虎である。チュルは、紐《ひも》とか縞《しま》模様のことで、チュル・ポムとは、縞のある猛獣といったところだ。ちなみに、豹《ひょう》は現代朝鮮語でピョ・ポムと言う。豹《ピョ》という猛獣といった感じだ。

このチュル・ポムのチュルが「とら」に変化したわけである。ついでに言うと、このチュル（紐）は、弓の弦《つる》の語原にもなっているとする説がある。「紐《チュル》」が日本に入って「弦《つる》」にも「虎《とら》」にもなったのだ。

ところで、「虎」は日本では人名によく使われてきた。小説家に田宮虎彦がいる。吉田松陰の幼名は用字は違うが寅之助である。干支《えと》にちなむとともに、やはり強そうな印象を与えるからだ。しかし、近頃は「虎」の入った名前はとんと見ない。動物にちなんだ名前なんて何か古くさい、と思われているのだろうか。最近流行するのは「聖斗」だの「絵美留」だの「瑠偉」だの、西洋人風の名前に画数の多いいかめしい漢字を当てはめたものだ。どこか軽薄な感じがして、私は好きになれない。

ところが、格調高い文章なら第一にこの人とされている森鷗外が、子供たちの名前にこれと似たようなことをしている。

鷗外は二度結婚しているが、二人の妻の間に五人の子供をもうけている。上から順に、於菟《おと》（長男）、茉莉《まり》（長女）、不律《ふりつ》（次男）、杏奴《あんぬ》（次女）、類《るい》（三男）である。どれも西洋人の名前に漢字を当てはめたものだ。ドイツ留学体験のある鷗外らしいと言えば言えるが、それでも、鷗外先生って意外とミーハーだな、と思える。

しかし、そうではない。西洋人の名前に思いつきの漢字を当てはめたわけではないのだ。

「於菟《おと》」は、西洋人のオットーに通じる名前である。しかし、同時に「於菟」は虎の異称でもある。明治二十三（一八九〇）年に生まれた森於菟は、寅《とら》年生まれなのだ。普通なら、虎男とか寅太郎とか名付けるところを、古典を踏まえ、さらに西洋人にも憶えやすく於菟《オットー》としたのである。

『論語』公冶長《こうやちょう》篇に、楚《そ》の国の宰相《さいしょう》（総理大臣）令尹子文《れいいんしぶん》という人物が出てくる。この人の本名を闘穀於菟《とうとうおと》と言う。闘が姓、穀於菟が名である。

於菟は、楚（長江＝揚子江の中流地域）の方言で虎のことである。「穀」（「とう」と読むのは特殊な音《おん》）は「穀物《こくもつ》」だから、養い育てるということ。「穀於菟」で、虎に育てられた男という意味になる。この人物は、捨て子だったけれど虎に育てられたという伝説がある。それに由来する名前だ。狼に育てられたロムルスとレムスが国を造ったというローマ建国神話と同じだと思えばいい。

こうした古典教養を基《もと》に長男の名前を「於菟」としたのは、いかにも森鷗外である。

さて、「虎」の語原に戻るのだが、この「於菟」がめぐりめぐって日本に伝わったのだとする説もある。「おと」が「とら」に変化したと考えられなくもない。ロマンチックで壮大な仮説である。

長い長いそばの話

前回、楚《そ》の虎の異称の話を書いた。この「楚」だが、普通、地方名・国名としてしか使われない漢字だ。意味は、木偏がつくように、棘《とげ》のある木ということで、訓読みは「いばら」である。しかし、この訓読みが使われることはまずない。事実上、音読みだけ、しかも地名だけで使われている漢字である。

ところが、意外なところに、それと知らずに使われている。

そば屋ののれんに「蕎麦」と白く染め抜かれているのをよく目にする。これはむろん「そば」である。「蕎」一字でも「そば」と読むが、説明的に「麦」を補って「蕎麦」と書くことが多い。用字はどちらでもまちがいではない。

しかし、時々、崩した草書体で見なれない漢字が書かれているものもある。どんな字か活字で示したいのだが、こんな書体の活字はないので図版で見ていただこう。さて、この字はたいてい読めない。「蕎麦」を崩しても、こんな風にはならない。客は、そば屋ののれんなんだから「そば」と書いてあるんだろうと、見当をつけているだけだ。

この草書の漢字を楷書で書くと「楚者」である。確かに、そう言われてみれば、「楚者」を崩すと、のれんによくある字になる。普段、地名以外には使わない「楚」がこんなところに使われているのだ。

それにしても、「楚者」がどうして「そば」になるのだろうか。

まず「楚」。これはそのまま読んで「そ」である。平仮名の「そ」は「曽」を崩した草書体だが、別の漢字を崩した字が使われることもある。いわゆる変体仮名だ。そば屋ののれんには、「楚」の草書体の変体仮名が使われているのだ。

（ろこと・ば・そ）

次に「者」。この草書体を「は」と読んでいる。江戸期までは濁点が確立せず、濁点がなくても濁音で読むことが多かった。だから「は」が「ば」でいいのだが、問題なのは、なぜ「者」を「は」と読むかである。「波」は「は」と読むから、この草書体が「は」になったのは理解できる。しかし、「者」を「は」とは読めそうにない。

これには「者」という漢字がきわめて特殊な漢字であるという事情がある。

「者」が特殊な漢字であると言うと、多くの読者は意外に思うだろう。「者」は、最も普通に使う漢字の一つで、約千字の教育漢字の中にも当然入っている。小学校三年生の時に習うべき漢字に配分されている。それほど基本的な漢字である。しかし、それでいてきわめて特殊な漢字なのだ。

通常、よく使われる基本的な漢字は多くの熟語を構成する。例えば、「人」は、「人間」「人生」となる。「外人」「犯人」など、その漢字が下につくいわゆる下つき熟語もある。漢和辞典では、この下つき熟語は補助的にまとめて記載してある。

ところが、「者」は、補助的な下つき熟語以外、熟語を構成しない。下つき熟語なら、「学者」「読者」などいくつでも思い浮かぶのに、「者○」という熟語が存在しない。基本的な漢字でありながら、熟語がないのだ。従って、漢和辞典でも、重要漢字でありながらスペースが非常に小さいのである。

これは、現代の支那語でも同じで、「者○」という熟語はきわめて少ない。もともと「者」は特殊な漢字なのである。

さて、この特殊な「者」には、大きく分けて二つの意味がある。

一つは「もの」。これは誰でも知っているようで、注意しなければならないことがある。現代では、物体・事物を表す時は「物」、人間を表す時は「者」と書き分けることが多いが、本来はそうではない。「者」は人間にも事物にも使う。
●あいつは何者なんだ（人間）。
●池と沼を較べてみると、前者の方が後者より水が澄んだ感じがする（物体）。
●進むか退くか、二者択一だ（事物）。
人間以外にも使うことがわかるだろう。

残りの一つが、提題の助詞「〜は」である。主に候《そうろう》文、漢文で使われる。「陳者」と書いて「のぶれば」。これから陳《の》べることは、という出だしの言葉である。その「は」が濁点付きで「楚者《そば》」に使われているのである。ああ、長かった。そばがのびちゃうよ。

法学部出身でないと、なぜわかる

私は一応法学部を卒業している。落第を重ね、ぎりぎりの成績で辛うじて卒業したのだ。こんな劣等生でも法学部卒だから、最低限の法律の基本用語は知っている。法律の基本用語を知らずに話している人を見ると、その人が法学部卒でないことがわかる。

このところ、民法の「三百日規定」が話題になっている。これを改正するか、何かの特別法を作るべきだ、という意見が出ているのだ。

これは民法七百七十二条第二項をめぐる議論である。その条文には、こうある。

「婚姻の解消若《も》しくは取消の日から三百日以内に生まれた子は、婚姻中に懐胎したものと推定する」

要するに、離婚した日から三百日以内に生まれた子供は前夫との間にできた子供だと推定する、というわけだ。

この規定は、新生児の権利関係をとりあえず確定しておくことと、婚姻（結婚）という男女の結びつきを重視するということだ。しかし、現実の男女のあり方は、そう単純ではない。離婚の協議や調停が難航して長引いている間に新しい相手と実質的な結婚生活に入る女性もいる。そうすると、正式離婚から三百日以内に新しい相手の子供を出産することもある。それが前夫の子供だと推定されたのでは、かえって権利関係が錯綜《さくそう》してしまう。

もっとも、あくまでも前夫の子供だと推定されただけだから、法律上の手続きを踏めばこれを覆《くつがえ》すことはできる。しかし、そのためにはさまざまな証明書を揃え、弁護士に依頼し、裁判所に通い、手間も費用もかかる。そこで、この手続きを簡単にする特別法を作るか、いっそ七百七十二条の改正を検討したらどうか、という議論になっているのだ。

この議論の内容には立ち入らない。あくまでも言葉について考えてみたいのだ。この議論を新聞はどう報じているのだろうか。

朝日新聞は二〇〇七年四月八日付で、「子のしあわせを法律で」と題し、次のように書いている。

「離婚後300日以内に生まれた子どもは前の夫の子とみなす。

民法772条は、こう定めている。

東京に住む38歳のある女性は02年3月に前の夫と離婚した。その年9月に今の夫と再婚して子どもを授かった」

記事は、その子供は前夫の子供だと戸籍に記載されてしまうが……、と続く。

産経新聞も、朝日新聞の前日の四月七日付で、「300日規定仕切り直し」と題して、与党内の議論を報じている。

「離婚後300日以内に生まれた子を一律に『前夫の子』と見なす規定（民法772条）……を議員立法で見直す方針を決めた」

ただ、自民党内には慎重論もあるが……と記事は続く。

さて、この二つの記事を書いた朝日新聞の記者と産経新聞の記者は、法学部出身だろうかそれ以外の学部出身だろうか。九分九厘《くぶくりん》、法学部出身ではないだろう。落第生の私でさえまちがえない法律用語がまちがっているからだ。この用語は、一見法律用語に見えず、日常用語と同じだから仕末に悪いのだが。

初めの方で六法全書から直接引用した民法七百七十二条の条文と、朝日・産経両紙の記事とで、ちがっている言葉があることに、読者は気づかれただろうか。

民法の条文では「婚姻中に懐胎したものと推定する」とある。記事では両紙ともに「見なす」である。日常語では「推定する」も「見なす」も同じ意味に使われるが、法律用語では厳密に区別される。

「推定」は、あくまでも推定にすぎないから、しかるべき手続きを踏めば覆せる。それ故に、現在でも、手続きは繁雑だが覆すことはできるのである。

一方、「見なす」のは、事実がそうであろうとなかろうと、前提条件に合致する限り、そう見なしてしまう。この場合なら、「離婚後三百日以内」という前提が崩れない限り、前夫の子供と見なされ、そのように確定することになる。民法は、いくら何でもそんな理不尽な規定は設けていない。あくまでも、とりあえずの「推定」なのである。

期せずして、新聞記者の出身学部が推定できる記事であった。確定はできないけどね。

【補論】

記事の翌年二〇〇八年七月四日付の朝日新聞に訂正記事が出た。法律用語では「みなす」と「推定する」は区別されるとして、関連記事全部を訂正するとしている。法務省あたりから指摘があったのだろうか。

促音の不思議

我々普通の日本語使用者は、子供の頃から当然のように日本語を話し、日本語で読み書きしている。そのため、外国人に指摘されるまで気づかないことがある。促音《そくおん》（つまる音《おん》）の「っ」もそうだ。よく考えてみると、この促音表記は非常に不思議である。

英語使用者の立場から考えてみよう。つまる音があること自体は、特に不思議ではない。英語にもhappy（幸せな）など、つまって聞こえる音はある。これは、ハの後にピと言おうとしてつまるのだから、ピの子音Pが重なって表記される。だから、日本語をローマ字表記する時でも、後のつまる音の子音を重ねて表記する。

●moppara（もっぱら）
●hakkiri（はっきり）

●asatte（あさって）

しかし、日本語の表記ではいつも「っ」である。「もぷぱら」だの「はくきり」だのとは書かない。ただ、「あさって」は「あさつて」と書く場合もある。歴史的仮名遣いでは、小文字を使う小書きをしないので、「あさって」は「あさつて」でよい。

そうすると「っ」の起原はここにあったのかと誤解する人がいるかもしれないが、それは順序が逆だ。「っ」はツではない。促音の記号にすぎない。仮に「＊」を促音記号と定めて「も＊ぱら」「は＊きり」「あさ＊て」としてもおかしくない。この部分はつまって発音するというマークがあればいいのだ。その記号に「っ」を当てただけなのである。

我々は五十音も促音表記も既に知ってしまっているので「っ」は小さくツと発音するように思いがちだが、本当はそうではない。事実、「もっぱら」や「はっきり」では、「っ」はツと発音してはいないのである。

さて、日本語では促音表記は「っ」とすることは以上でわかった。しかし、促音のわかりにくいところは、まだある。そもそも、ある音《おん》が促音であるかないか、どう決めるのだろう。

これは、私の小学校一、二年生の頃の苦い思い出につながっている。

夏休みの日記か何かに、私は「すいぞくかんにいきました」と書いた。これが先生に「すいぞっかん」と直されたのだ。大人になってから、辞書にも両方採用されていると知ることになるのだが、当時の学校では「すいぞっかん」で統一していたのだろう。ともあれ、私はこれはおかしいと先生に抗議した。水族館の看板の前で、親に一文字一文字「すい・ぞく・かん」と教えられたからである。

しかし、先生に反撃された。

●小学校（〇しょうがっこう）

（×しょうがくこう）

これと同じだというのである。私はなんとなく納得させられてしまった。小学校一、二年生じゃ無理もない。しかし、ずっと後になってから、こんな例を挙げて反論すればよかったと気づいた。

●奨学金（〇しょうがくきん）

（×しょうがっきん）

しかし、おそらくこれには先生は再反撃したろう。熟語の構成がちがうからである。

●小ｰ学校（しょうｰがっこう）

●奨学ー金（しょうがくーきん）

しかし、これでも本当は説明しきれてはいない。例えば、万国博覧会などで会場内に国際的な「地球館」と各民族ごとの「民族館」があるとしよう。この「民族館」は、どうか。「水族館」と同じ構成になるはずである。

●民族ー館（みんぞくーかん）

●水族ー館（すいぞっーかん）

この平仮名表記を区別する根拠はないだろう。同様の例は、他にいくつもある。

●各界の名士（かっかいのめいし）

●角界の力士（かくかいのりきし）

『広辞苑』ではこの二つを区別しているが、『新明解』では区別せず並べて掲出している。

●的確

これも『広辞苑』は「てきかく」、『新明解（第四版）』は「てっかく」としている。

最近の学生言葉ではアルバイトなどでする学習塾の講師を「塾講」という。辞書が新語として採用する時、「じゅくこう」とするのだろうか「じゅっこう」とするのだろうか。熟考の上、的確な判断を下したいところだ。

高学歴でこのていたらく

二〇〇七年夏、「ビッグコミックスピリッツ」（小学館）で一風変わったマンガが始まった。稲井雄人『京大M1《エムイチ》物語』である。どう変わった作品なのかは、新連載の予告ページ（七月三十日号）の煽《あお》りを読めばわかる。

「東大を卒業したが就職する気もない最上《もがみ》は、日本で一番役に立たなそうな学問を志し、京都大学へ！

高偏差値、体たらくな大学院生活が幕を開ける……‼」

天下の東大を卒業した主人公が、俗物の家族に反撥して、世俗の役に立たない学問をするため、西の雄、京大の大学院に入る、という物語らしいのだが、この煽りはちょっとまずくないか。東大だの京大だの高偏差値だのとはとても思えない文章だ。

まず、「役に立たなそうな学問」がよくない。

「そうだ」の接続のしかたは定まっている。形容詞に接続する時は「楽しそうだ」「うまそうな料理」というように語幹に接続する。ただし、語幹が一音節の「ない」「よい」に限り、「さ」を挿入して「なさそう」「よさそう」となる。今も歌われるお色気ソング『黄色いさくらんぼ』(星野哲郎作詞)にも「お色気ありそうで、なさそで」とあるではないか。助動詞の「ない」に接続する時もこれと同じだ。

しかし、この程度は、ラ抜き言葉と同じ崩れた口語表現と考えれば、まあ許容範囲かもしれない。もっとまずいところが、後半部分だ。「体たらくな大学院生活」って何だ。意味不明である。

隣のページには「高学歴ニート」という一句もあるから、どうやら、役立たず、のらくら、ぐらいの意味だと思っているらしい。もちろん、ちがう。「体《てい》たらく」は、様子、ありさま、という意味だ。

●しっかり勉強すると言っていたが、成績表を見てみれば、この体たらくだ。

という風に使う。「体たらくな大学院生活」では「様子な大学院生活」である。こんな体たらくでは、京大大学院どころか、高校の国語からやりなおさなければならない。

「体たらく」は、「体たり」（様子である）がク語法によって名詞化されたものである。ク語法には他に次のようなものがある。

●彼の思わくは外れた。

「思わく」は「思う」にクがついたもの。「思惑」と漢字を当てることがある。意味は、思うこと。

●子曰《しいわ》く、巧言令色《こうげんれいしょく》すくなし仁《じん》と。

『論語』の一章である。「曰く」は「言わ・ク」で、「言うこと」の意味。子（先生）の言われることが「子曰く」である。

この「体たらく」の誤用、他でも見たことがある。

榊原悟『日本絵画のあそび』（岩波新書）という本だ。

河鍋暁斎《かわなべきょうさい》の浮世絵に、禅の祖、達磨《だるま》が遊女に耳そうじをしてもらっている絵がある。これについて、榊原悟はこう書く。

「達磨がこんなにヤニ下がってよいものか、まったくていたらくの達磨である」

「ありさまの達磨」では意味が通らない。日本美術史を専攻する大学教授にしてこのていたらくである。

『日本絵画のあそび』は、内容そのものは楽しくていい本なのだが、他にもおかしな日本語が散見されるのが残念だ。

文字を絵に見立てるユーモアを論じた章に、こんな江戸小咄《こばなし》が紹介されている。

「せむしなる人、煙草《たばこ》すいつけるを見て友だちのいふやう、『其方《そのほう》のたばこ呑《のま》るゝは、そのまま杖《つえ》つきの乃の字じゃ』」

せむしの人が煙管《きせる》で煙草を吸いつけているのを見た友人が、「まるで杖をついた乃の字だね」と言ったという話である。

これを榊原悟は、次のように現代語訳している。

「猫背の人が煙草を吸っている姿を見て友人が、『杖つき乃の字』のようだといった」

せむしと猫背は全然別物である。古語だと「せむし」で現代語だと「猫背」なわけではない。「せむし」は、背中がむしばまれているから「せむし」である。これを「猫背」としては、古典理解の妨《さまた》げになるだけである。差別狩り、言葉狩りの結果が、このていたらくである。

古ければ同じというわけじゃない

何年か前、韓国で鉄橋が崩落する事件があった。知人の建築学者に見解を求めると、彼は困惑の微笑を浮かべてこう言った。誤解している人が多いんですけど、僕がやっているのは建築学なんです。建築学者は橋梁《きょうりょう》設計はやりません。橋を造るのは土木学です。言われてみれば、確かにそうだ。建築学は主として家屋の建設を研究し、土木学は道路や港を造ることを研究する。建築と土木は隣接領域だし、重なり合うところもあるけれど、学問としては別科なのだ。素人はつい混同しがちなので、専門家は時々困惑させられるのである。

同様の例は意外と多い。

朝日新聞の二〇〇六年一月八日付の書評欄で、ジャーナリストの野村進がロイ・アドキンズ『トラファルガル海戦物語』（原書房）を紹介している。野村は、こう書く。

「著者の本業は考古学者との由《よし》。さもありなん、化石の一片一片を掘り起こし吟味《ぎんみ》する手つきで、ネルソン提督本人から新入りの水兵までの手記を渉猟《しょうりょう》し、それらを巧《たく》みにちりばめて、二百年も前の戦いを今に甦《よみがえ》らせている」

アドキンズの緻密な仕事ぶりはよくわかる。本業が考古学者なのに、いや、考古学者だからこそ、戦史研究もまた資料に語らせる方法で、こんな大著を上梓《じょうし》し得たのだ。

しかし、今まで「化石の一片一片を」研究してきた学者が、突然、戦史研究を始めるというのは、ちょっとおかしくないか。三葉虫やアンモナイトやマストドンの研究と戦史研究とは離れすぎている。どうやら野村進は、考古学と古生物学を混同しているようだ。

考古学は、有史以来の遺跡や遺物の研究をする学問である。歴史学と重なるところもあるが、建築学や生物学などの自然科学に近い面もある。縄文時代の住居跡の研究には建築学の知見が必要だろうし、貝塚から出土する獣骨の種類を同定するには生物学の助けを俟《ま》たなければならない。いわば歴史学をハード面で補完するのが考古学なのだ。

古生物学は、地質時代の生物を化石などによって研究する学問である。考古学が扱う時代は通常二、三千年前、古くても数十万年前なのに、古生物学は数億年も昔の生物を研究する。似ているように思われているが、全然別の学問である。

二〇〇七年七月、東洋書林からコリン・レンフルーとポール・バーンの共著『考古学』が発売された。考古学の基本書の邦訳で、定価も一万円近くする大著なのだが、カバーの絵がアンモナイトの化石というのは、いかがなものか。逆に、古生物学の本のカバーに竪《たて》穴《あな》式住居の絵や黒曜石の鏃《やじり》の写真があったらおかしいのと同じである。編集者かブックデザイナーが考古学という学問を正しく理解していないのだろう。

心理学と精神医学もよく混同される。これも重なり合うところはあるのだが、出自が全然ちがう。大学で心理学科があるところは文学部である。書籍の十進分類でも、心理学は哲学の下位分野か隣接分野に分類されている。つまり、心理学は人文学の中に含まれる。一方、精神医学はもちろん医学の一分野であり、自然科学に含まれる。

心理学がなぜ哲学に近い人文系の学問なのか。それはまさしく、意識とは何か、自我とは何か、外界を認識するとはどういうことか、といった、心の理《ことわり》への関心から始まっているからである。ただ、心理学が発達するにつれ、動物を使った実験やデータの統計学的分析など自然科学の手法が必須となっていった。そのため、心理学の研究者は科学者とほとんど変わらなくなってしまったが、フッサールを祖とする現象学などは、哲学にも心理学にも関わっている。

我々は普通、心理学者というと、神経症などを治療するカウンセラーのような人を思い浮かべる。それは心理学の応用形である臨床心理学である。最近は大学などでも、資格の取れる実学系の学部を新設することが多く、臨床心理学部を作る大学もある。これは文学部という上位分類がなく、医療系ということになるだろう。

宗教学と神学も混同されやすい。宗教学は、宗教一般、あるいは個別宗教を研究する学問である。研究者に信仰の有る無しは問わない。一方、神学は、その宗教が真理であるという前提で作られた学問である。少なくとも形式的には信仰心が問われることになる。宗教系の大学の多くは神学部を持っている。

濃い鯖の話

いくつかの大学で講師を務めていると、学生たちの間に電子辞書が浸透していることがよくわかる。確かに、電子辞書は携帯に便利ではあるのだが、言葉との偶然の出会いを楽しむには紙の辞書が適している。調べている言葉の隣の言葉を知ったり、パッと開いたページの興味深い記述に膝を打ったり、そんな楽しみが言葉の感覚を磨くものだ。

もちろん、偶然の出会いが言葉の警戒心を鋭くすることもある。この解釈はおかしいと思うような記述に出会うこともあるからだ。

特に、語原の説明には疑わしいものがある。そもそも、語原の探索は非常に難しく、専門の国語学者も手を出したがらない。「目」「口」「山」「一つ」「母」などの基本語は、なぜそう言うかは説明のしようがない。漢字の熟語は、「鉄橋」「羊皮紙」「一心不乱」など、見れば誰にもすぐなぜそう言うかがわかるので、語原探索に意味がない。

俗語や隠語の語原は、誰もが興味を持ち、誰もが素人国語学者になりたがるのだが、専門の国語学者にもなかなか正解は出せない。ただ、私は、変に難解なもの、変に辻褄《つじつま》が合いすぎているものは、語原説としてまちがっていると思う。俗語や隠語はほとんどがもののはずみで作られるもので、あまり複雑な由来は考えにくいからだ。といっても、私自身、素人国語学者にすぎないのだが。

国民的な大型国語辞典となっている『広辞苑』で、偶然、ある言葉の語原を知らされた時は驚いた。

それは、「穀物」という漢字が書けなくて、「穀」の字を引いていた時である。恥ずかしながら、私はこんな漢字も辞書を見ないと書けないのである。さて、ふと隣を見ると「穀」に並んで「酷」が出ている。「酷な話だ」という時に使うし、熟語として「残酷」などにも使う。しかし、「こくのある味」の「こく」が「酷」だと説明してあるのには驚いた。考えてもみなかったからである。

『広辞苑』によれば、「酷」は穀物がよく熟したことを表し、そこから酒などが熟成されて味が濃くなることを言い、「こくのある味」と言うようになった、としている。

確かに辻褄はよく合っている。

「酷」は、酉《ゆう》（とり偏）が意味を表す意符《いふ》（義符《ぎふ》とも言う）、告《こく》が音《おん》を表す声符《せいふ》（音符《おんぷ》とも言う）である。酉《ゆう》は、十二支のとりに当てるから、とり偏だが、見てわかる通り、酒器を象《かたど》った象形文字である。現にその「酒」に使われている。だから、酒がよく熟成することが酷、つまり非常に強い酒が酷、また、強い酒のようにきついのが酷、ということである。それで、酒や料理の味が濃いのが「酷」……なのか、なあ。

ここは素直に「味が濃くなっている」ので「こく」とした方が自然ではないだろうか。板前や家庭の主婦がこんな難解な漢字の知識を持ち、味を表現するのに使ったとは考えにくいからだ。

分冊大型国語辞典で、出典・用例に詳しい『日本国語大辞典』では、明治三十二（一八九九）年の広津柳浪《ひろつりゅうろう》『骨ぬすみ』を出典に挙げている。それより古い用例は見当たらないらしい。恐らく、明治の初めに広まった俗語なのだろう。そうだとすれば、ますます漢語起原説は根拠が弱いと言わざるを得ない。

『新明解国語辞典』でも、こんなことがあった。小型国語辞典としては評価の高い辞書である。

偶然開いたページに「さばをよむ」が出ていた。「よむ」を「数える」の意味だとするのは、「基盤のます目をよむ」のように今も使われるからいいのだが、「さば」を仏教語の「生飯《さば》」だとしているのには驚いた。生飯は、特に禅宗などで、食事の時、飯椀から数粒の飯粒を取り分け、施餓鬼《せがき》として捧げることだ。その飯粒をごまかすので「生飯をよむ」と言うとしている。ごていねいにも、「鯖をよむ」とするのは借字《しゃくじ》とまで書いてある。

しかし、普通考えられているように、魚市場で鯖を売買する時、二、三匹すっ飛ばして数えることを「鯖をよむ」と言い、そこから数をごまかすことを言う、とした方が自然ではないだろうか。

そう思っていたら、編者も考えを変えたらしく、手元にある第四版では、通説通りの「鯖をよむ」に修正されていた。鯖らしく、味の濃い話、でも、編者にはちょっと酷な話、かな。

そんなものに紐が付いているか

何度も言っていることだが、私は若者が崩れた言葉や流行語を使うことにはあまり目くじらは立てない。仮にも知識人がおかしな言葉を平気で使うことを批判してきたのだ。もっとも、この程度は許容範囲かと思うものもある。例えば「悩ましい」だ。

●消費税の引き上げは、政府にとって悩ましい課題である。

消費税は上げたし国民の反撥は恐しで、政府も悩むところだ、という意味である。「悩ましい」の意味をこのように拡大して使うのは最近の流行である。本来は「悩ましい姿態」など、性的魅力に惑わされそうになることを言う。「悩殺」も似た言葉だ。

最近の「悩ましい」は、ちょっと野暮な方にまで拡大しているわけだ。しかし、こんな用例もある。二〇〇七年十月二十五日付産経新聞の韓国特派員のコラムは、日本の女性観光客がソウルの繁華街で「悩ましげ」だと書く。

「日本人ツアーのおばさまたちは、北と南のマツタケを前に並べて悩ましげに見比べていた」

とうとう日本人の好色観光は女性客にまで及んだか、韓流美男ホストを買おうと品定めをしている……のではない。市場《いちば》に並ぶ北朝鮮産と韓国産の松茸を、どちらがお買い得か悩んでいるのだ。色気より食い気であった。

こういう誤読も起きうるが、まあ許容範囲であろうか。

だが、到底承服できないものもある。「ひもとく」の拡大解釈を超えた誤用だ。これは漢字では普通「繙《ひもと》く」と書くが、意味の上では「紐解《ひもと》く」、文字通り紐を解くのだ。

●文献をひもとく。

という風に使う。書物は昔は巻物であったり帙《ちつ》（厚紙製の箱）に入ったりしていたから、まず結び紐を解いて本を読んだ。特に古典などの本を開いて調べることを言う。

しかし、このところ、紐とは全く無関係の「ひもとき」が横行している。

同年十月七日付朝日新聞の書評欄で、経済格差を論じた『分裂にっぽん』（朝日新聞社）を紹介した立命館大学の高橋伸彰教授は、こう書く。

「資本主義の歴史を紐解けば明らかなように、政府が公的な保障や規制を講じて……」

歴史は紐解けない。ここで難しい言葉を使いたいというのなら、「資本主義の歴史を閲《けみ》すれば」だろう。何も難しい言葉を使わなくてもいいというのなら、「資本主義の歴史を調べれば」だろう。ただ、善意に解釈すれば、「資本主義の歴史を記した本を繙けば」の縮的表現だと言えなくもない。そうすると、辛うじて許容範囲となろうか。

しかし、次の三例は善意に解釈することもできない。

二月七日付産経新聞の書評欄に、田中慎弥『図書準備室』（新潮社）が、こう紹介されている。

「芥川賞候補作となった本書は、所謂《いわゆる》ひきこもりの青年が、そうなった原因を親戚の法事で語ることによって紐解いていきます」

原因に紐は付いていない。当然、原因は紐解けない。「所謂」なんて難しい漢語を使いたがる割りには、誤用に無頓着《むとんじゃく》である。

もっとまずい例が、同年五月十四日付朝日新聞掲載の三弥井書店の書籍広告にある。

『不思議発見！日本語文法。』の宣伝文だ。

「日本語文法にひそむふしぎをひも解く」

紐の付いたふしぎなんて見たことない。ふしぎは紐解くことはできない。ここは、単に「ふしぎを解く」でいいのだ。紐が付いた方が高級だとでも思っているらしい。

この例がとりわけみっともないのは、これが日本語論の本だからである。しかも書名が『日本語文法。』ときた。「モーニング娘。」じゃないんだから。

著者はと見ると、名古屋大学日本語研究会ＧＡ６とある。ＧＡ６がよくわからないが、大学の日本語研究会がこんな本を出すことの「ふしぎ」こそ「解く」べきではないか。

最後にきわめつきを挙げておこう。

大修館といえば、超大型漢和辞典『大漢和辞典』を筆頭に、いくつもの漢和辞典、国語辞典、英和辞典を出している辞書の名門出版社である。

その大修館から、こんな本が出ている。

『四字熟語物語——故事来歴をひもとく』

故事来歴はひもとかなくていい。それより、自社刊行の辞典を繙いてみたら、どうか。

著者は、田部井文雄とある。国学院や千葉大の教授を歴任した学者だ。すごいなあ。

オデキと青空

久しぶりに正しい言葉が書かれた文章を読んだ。

「見上げると、真っ青に晴れわたった空があった。そこだけが元旦だった」

ネット喫茶で独り淋しい大晦日《おおみそか》の夜を過ごした著者が、外に出て冬空を見上げる場面だ。上原隆の最新刊『胸の中にて鳴る音あり』（文藝春秋）の一節である。上原は、ごく普通の人々の悲しみや喜びを何のケレン味もなく、だが心に響くように書くコラムで、最近評価が高まってきた作家だ。引用した一節も、現代社会の索漠感を日常使う平易な言葉だけで見事に表現している。

と言うと、日常使う平易な言葉だけで書かれた文章に「正しい言葉」も何もないだろう、と思う読者がいるかもしれない。現に、引用した一節の中に誤用しそうな難しい言葉は見当たらない。しかし、これと同じ文章を多くの人はこう書く。

「見上げると、真っ青に晴れ上がった空があった。そこだけが元旦だった」

空は晴れわたる。はれあがるのはオデキだ。そう言ったのは三島由紀夫である。三十年ほど前、三島の何かの本を読んで知った。いや、私もその頃は、オデキのように空をはれあがらせていたのである。その後も、うっかりはれあがらせていることがあるかもしれない。最近では、空がはれあがるのを認める辞書も多くなり、私もついそれに引きずられてしまいがちだから。

「晴れわたる」は、空のすみずみまで雲がない状態がゆきわたるからそう言う。これを「晴れ上がる」としがちなのは、音感が似ているからであり、意味の上からも完全な晴天になる（晴天ができあがる）と受け取れるからである。しかし、やはり「晴れわたる」を守るべきだろう。青空を表現する類似の言葉を見てみよう。
●澄みわたる秋空（〇）
●澄みあがる秋空（×）
後者は明らかにおかしい。「澄みあがる」がおかしいのなら、「晴れあがる」もおかしいのである。

平易な言葉、というより俗語に近い言葉で、最近誤用が目立つものがある。俗語をあげつらってもしかたがないではないか、と言うなかれ。私は俗語そのものではなく、俗語の誤用を指摘したいのだ。正しい俗語を使えと言いたいのだ。

「週刊文春」の二〇〇七年二月一日号に、霊視家の江原啓之をむやみに出演させるテレビ番組を批判する記事が出た。その中に、こうある。

「深夜に高視聴率を叩き出す江原氏の人気には逆らえないというわけだ」

視聴率をどうやって「叩き出す」のだろう。私の世代なら知っている労働運動歌に『民族独立行動隊の歌』(きしあきら詞曲)がある。その中に「血潮には　正義の血潮もてたたき出せ　民族の敵　国を売る　犬どもを」という一節がある。時代を感じさせる歌だが、「たたき出す」は正しく使われている。視聴率は数値である。数値は算盤玉《そろばんだま》を弾《はじ》いて「弾き出す」。だから、視聴率は弾き出す。叩き出すのは、民族の敵、国を売る犬どもである。

マスコミ業界の俗語ではあるが、マスコミ業界で使われるからこそ正しく使っていただきたい。

二〇〇六年七月二十二日付朝日新聞に、事件に巻き込まれて退職した元毎日新聞記者へのインタビュー記事が載った。彼は有能な政治部記者だった。

「日韓交渉をはじめ、米原潜の日本への初寄港など特ダネを飛ばした」

特ダネは飛ばせるものなのだろうか。仮に、特ダネを飛ばして、つまらぬ雑報ネタばかり拾ってきたら、デスクや部長から怒鳴りつけられると思うのだが。ここは「特ダネをスクープした」「特ダネで他紙を出し抜いた」などとするのが順当なところだろう。

飛ばせないはずの特ダネを飛ばしたのは、「ヒットを飛ばした」「ホームランを飛ばした」との混同によるものだろう。このヒットやホームランは、もちろん野球用語で、譬喩《ひゆ》的表現として広く定着している。野球に全く関心のない私でも使うほどだ。「特ダネを飛ばした」は、他ではあまり見かけない。あるいは、これを書いた記者だけの書きぐせのようなものなのかもしれない。

鯨も工夫　雲雀も工夫

ドストエフスキー『カラマーゾフの兄弟』の亀山郁夫による新訳がベストセラーになっている。翻訳が新しくなれば読者も新しく獲得できるようだ。翻訳も一つの創造であり、独自の文芸なのである。このことは、逆に定評のある古典的名訳についても言える。新しい訳が出た後も、やはりあの訳の味わいが忘れられないと語り草になることも多い。

私は中学一年生の時、メルヴィル『白鯨』を英語の原文で読もうと思った。片足の船長が海で鯨と闘う話だから、まあ俺でも読めるだろうと、無謀きわまることを考え、丸善でペンギンブックスの一冊を買って来た。何だかわけのわからないことが書いてある前書きの部分はさすがにすっ飛ばし、本文に取り組んだ。しかし、冒頭一ページの第一行から、全く理解不能だった。何のことだか、皆目見当がつかない。こう書いてあった。

Call me Ishmael.

そもそも構文がわからない。学年一の秀才だった浜口君にこれを見せると、三分ほど考えた後、これは命令形だと言う。「私をイシュマエルと呼べ、という意味だね」。そんなこと言われたって、わけがわからないよ。

やむをえず、私は再度丸善に行き、今度は新潮文庫の田中西二郎訳『白鯨』を買った。その冒頭を読んで、またもや頭をかかえた。

「まかりいでたのはイシュメエルと申す風来坊だ」

何だ、これは。どうしたらCall me Ishmael. がこんな訳になるんだ。Call me ～で「まかりいでたのは～と申す風来坊だ」という意味になるのか。

私は一行目で早々と『白鯨』を投げた。

大学生になって『白鯨』を通読し（もちろん日本語訳で）、初めて冒頭の意味がわかった。浜口君の言った通り、これは命令形である。登場人物が読者に語りかけているのだ。「おいらの名前かい、そうだな、イシュメルとでも呼んでくれ」と。イシュメルの名は旧約聖書に出てくる。アブラハムが侍女に生ませた子供で、人々に疎《うと》まれる運命にあった。それを踏まえて「イシュメルと申す風来坊」と訳したのは、田中西二郎の工夫である。

後に知ったのだが、田中西二郎訳『白鯨』の冒頭は一種の名訳として、多くの人が言及している。私のような愚かで無謀な中学生ではなく、ちゃんと英文学を専攻し、原文と訳文を対比して読むと、その工夫がわかるのだろう。

明治三十八（一九〇五）年に出版された訳詩集『海潮音』は、一世紀に亙って今も読み継がれている。これは訳者上田敏の力によるものだ。

その『海潮音』の中で五指に入る有名な詩に、ブラウニングの『春の朝《あした》』がある。

時は春、
日は朝《あした》、
朝は七時、
片岡に露みちて、
揚雲雀《あげひばり》なのりいで、
蝸牛《かたつむり》枝に這《は》ひ、
神、そらに知ろしめす。
すべて世は事も無し。

さて、この「揚雲雀なのりいで」だが、雲雀が「なのりいでる」とは、どういうことなのだろう。雲雀は「鳴く」か「さえずる」が普通である。「なのりいでる」のなら、「私は雲雀ですよ」と宣言しているという意味である。雲雀がなぜそんなことをするのか。

原文の該当箇所は、こうだ。

The lark's on the wing;

やや文語的表現で、単に「雲雀は飛んでいる」と言っているだけである。これを「なのりいでる」としたのは、誤訳、というより、日本語表現をまちがえたものらしい。

『例解古語辞典』（三省堂）の「名告《なの》る」の解説に、こうある。『枕草子』に「蚊《か》の細声にわびしげになのりて」とか「ほととぎすのなのりて渡る」とかあるのは、その羽音や声を、自らの名を告げていると解したものだ。「か」は、細くのびるカーという羽音が語原だし、「ほととぎす」も、その鳴き声が語原である。しかし「ひばり」はその鳴き声とは関係がない。「ブラウニングの詩の一節を、『あげ雲雀《ひばり》名告りいで』と翻訳したりするのは、こういう用法を誤解したものである」。

古語辞典に英語の訳詞の不適切が指摘されているのを読んだ時は、ちょっと感動した。

売るか売られるか

漫才師の京唄子が産経新聞のインタビューに答えて、若い頃の思い出を語っている（二〇〇七年七月二十六日付）。

「京都の化粧品店で、ローズ色のきれいなクリームが5円で売っているのを見つけたんです」

終戦期、京唄子が二十歳頃の話だが、それにしても五円とは安い。ところが、それがインチキ化粧品だった、という話である。

漫才師らしい面白い失敗談だが、それはさておき、本題は言葉についてである。「きれいなクリームが5円で売っている」とある。最近、学生たちと話していて、よく耳にする言い方だ。本来なら「クリームを売っている」か「クリームが売られている」となるべきだろう。おかしな若者言葉として気にする人が多い。

話題の北原保雄『問題な日本語その3』（大修館書店）にも「本が売っている」という用例で取り上げられている。「売る」は他動詞だから目的語が必要だ。この用例では、目的語が主語になっているので、主語と述語のねじれが起きている、という論旨だ。

確かに、その通りである。私自身、文章表現法の授業では学生相手にそんな風に説明する。自動詞には目的語が要らないが、他動詞は必ず目的語が要る。主語と述語はつながってなければいけない。「本が売っている」なんて言い方は、学生同士の雑談なら許されるけれど、面接や卒業論文ではまずいよ、と。

しかし、内心では、これは初級者向けに単純化した一種の方便の説明だとも思っている。というのは、学生同士の雑談ならぬ伝統的で雅《みや》びな日本語にも、同じような言い方があるからだ。
●石畳の上に落葉《おちば》が降り敷いている。
「敷く」は「蒲団《ふとん》を敷く」のように、他動詞として目的語が必要だ。
●畳の上に蒲団を敷いている（○）
●畳の上に蒲団が敷いている（×）

それなら、

●石畳の上に落葉を降り敷いている（×）

となるかといえば、そうはならない。

蒲団の例文では主語が省略されていると考えてよい。

●（母が）畳の上に蒲団を敷いている（○）

しかし、「落葉を降り敷く」では主語が思い浮かばない。

●（…が）石畳の上に落葉を降り敷いている（×）

やはり「落葉が降り敷く」でなければならない。もう一つ雅びな文を挙げよう。

●寺の銅板の屋根は緑青《ろくしょう》が吹いている。

緑青が銅板の表面に浮き出ているのだから、「銅板が緑青を吹いている」となりそうなのだが、そうはならない。もっとも「吹く」は、自動詞にも他動詞にも使われる。

●風が吹く（自動詞）

●笛を吹く（他動詞）

しかし、緑青の例文はこのどちらにも当たらない。

さらに、こんな場合もある。女が男に愛を告白し、男の胸に飛び込むシーンだ。

●拓也さん、あなたが好きなの！
●拓也さん、あなたを好きなの！
日本語として、明らかに前の例文の方が自然だ。どちらでも意味は通じるけれど、感情が激発するシーンだけに、日本語として自然であるかないかがはっきりと現れる。

さて、この場合、「あなたが」は主語なのだろうか。むろん、ちがう。主語は省略された「私は」である。「あなたが」は目的語である。

しかし、学校で習った国文法（日本語文法）では、「が」は主語を表す格助詞、「は」は限定を表す副助詞であった。つまり、この例文では、主語を表す格助詞がついているのに主語ではなくて目的語であり、限定を表す副助詞がついているのにその語は主語なのである。主語と目的語が本質的にねじれているのだ。

これは日本語文法が英文法をもとに構成されているための矛盾であるらしい。これを根本的に見直そうという提案が、古くは三上章、最近では金谷武洋らによって出ている。
●彼は彼女を好きだ。
こういう一見論理的な文章もこのごろ目にするようになった。どこか乾いた感じがして、現代風にも受け取れる。それは He loves her. の直訳だからである。

犬の名は

最近、新聞や雑誌で日本宝くじ協会のこんな広告をよく見る。

女優が頭巾《ずきん》・羽織《はおり》姿のお爺さんに扮し、満開の桜の樹の上でにっこり笑っている。その下では白い子犬が口を開けて吠えている。広告コピーが「そろそろ日本のアチコチでポチが鳴く」。

花咲か爺の昔話にちなんで、宝くじを買って二億円の賞金を掘り当てよう、ということらしい。あの昔話では、欲張り爺はひどい目に遭うことになっていたはずなんだが。

まあ、それはいいとして、それよりも、花咲か爺の愛犬の名前が「ポチ」になっている根拠を考えてみたい。

なんであの犬の名がポチなのだろう。だいたい、花咲か爺さん当人の名前はよくわかっていないではないか。「花咲か爺」というのは一種の通称であって本名ではない。しかも、話の後半になり、灰を撒《ま》いて花を咲かせるようになってからの名前であって、それまでは単なる「良いお爺さん」である。主人公の爺さんに固有名詞がないのに飼犬には固有名詞があるというのも変な話だ。

花咲か爺は、今では粗筋《あらすじ》の定まった話となっているが、もとは全国各地にいろいろな民話として伝わっていた。それが一つにまとまって知られるようになったのは、江戸期半ば以降、文字化・書物化されたためだろうと、『昔話と文学』で柳田國男は述べている。

事実、各地の民話に花咲か爺の原型が残っている。

関敬吾編『日本の昔ばなしⅡ』（岩波文庫）には富山県に伝わる花咲か爺が採録されている。この花咲か爺の話は、爺さんが山へ柴刈りに、婆さんが川へ洗濯に行くところから始まる。婆さんが川で大きな桃を拾い、それを持ち帰ると可愛い子犬が生まれて……、以下、我々がよく知る花咲か爺の話になるが、出だしは桃太郎と同系なのだ。

この富山県の花咲か爺では、爺さんの名前もわからないし、犬も「犬ころ」としか出てこない。

大正九（一九二〇）年、森林太郎（鷗外）らを撰者として刊行された『日本お伽集』

（現・平凡社東洋文庫）所収の花咲か爺では、白い子犬として登場し、名前はシロである。白犬だからシロと呼ぶのは、名付け方としてはきわめて自然である。

しかし、宝くじの広告にもあるように、普通、花咲か爺の犬はポチという名前だと思われている。これは明治三十四（一九〇一）年の幼年唱歌『はなさかじじい』（石原和三郎作詞、田村虎蔵作曲）で次のように歌われ、それが定着したからである。

『はなさかじじい』
うらのはたけで、ぽちがなく、
しょうじきじいさん、ほったれば
おおばん、こばんが、ザクザクザクザク。

この「ポチ」について、『日本の唱歌』（講談社文庫）は、興味深い説を紹介している。この犬は白犬だから普通なら「シロ」となりそうなものだが、当時「ポチ」が最新流行の犬の名前だったのでそうしたところ、子供たちに大いに喜ばれた、というのだ。作曲家、團伊玖磨《だんいくま》の説だという。

小学館の『日本国語大辞典』にも、「ポチ」は明治三、四十年代に流行した、とあり、二葉亭四迷『平凡』を用例としている。確かに、明治四十（一九〇七）年の『平凡』で、主人公の少年がポチという名の犬を可愛がっている。

「ポチ」が流行したのは、ハイカラな感じがしたかららしい。語原も、欧語説が優勢である。spotty（英）ぶちの、pooch（米）犬、petit（仏）小さい、などが考えられている。

しかし、私には少し疑問がある。少額の心づけを入れる袋を「ポチ袋」、ブザーの押しボタンなどを「ポッチ」と言う。こういう小さくて丸いものを表す「ぽち」が語原ではないかと思うのだ。丸々とした子犬を「ぽち」と形容して少しもおかしくはない。現在でもコロという名の犬は多い。また最近はあまり流行《はや》らないが、マルという名の犬も以前はよくいた。コロもマルも、小さくて丸っこいからである。

二葉亭四迷は、自身も愛犬家で、『平凡』のポチのモデルになる犬を飼っていた。その名はマルであった。やはり、マルと同系の名としてポチを考えた方がいいように思う。

砂糖の禅問答

四国北部の山地で採れる安山岩《あんざんがん》の一種に讃岐岩《さぬき》がある。石質が硬く、叩くと金属的なカンカンという音がする。古代には打楽器のように使われたらしい。讃岐岩という名称は地名の讃岐（香川県）にちなむ。英語ではサヌカイトという。サヌキの岩だからサヌカイト、そのまんまである。

考古学の本などには「遺跡からはサヌカイトの石器が発見された」などと書かれることが多い。学術名というわけだろう。しかし、造園業者や石材業者は普通に讃岐岩と呼んでいる。これはこれで自然である。日本産の石をわざわざ英語で言う必要もないからだ。

それなら、先に言った、讃岐岩がその一種である安山岩は、どうか。これは学術書だろうが一般書だろうが、いつも安山岩である。しかし、これも讃岐岩と同じく地名にちなんだ名称である。ただし、日本の地名ではなく南米の地名、アンデス山脈にちなんでいる。アンデス山脈に産するから、アンデスの岩でアンデサイト。日本語に直訳されて安山岩である。だから「安山岩」ではなく「アン山岩」と書いた方が本来の表記だとも言える。

字面《じづら》からなんとなく古くからあった日本語か漢語のように思えるのだが、西洋の鉱物知識が入ってからの言葉なのだ。従って、もし江戸時代の石工《いしく》が「この石材は安山岩だな」と言っていたら、おかしいことになる。

砂糖は、どうだろう。

砂状になった糖《あめ》という意味で、砂糖が日本で作られる前から、この言葉は知られていた。砂糖きび（甘蔗《かんしょ》）が国内で栽培される前に、漢籍に見られるからだ。明末の博物書『本草綱目《ほんぞうこうもく》』にも「沙糖」として出てくる。

「沙」と「砂」は、「砂漠」もかつては「沙漠」と書いたように（この方が同じサンズイで整合性がある）、意味は同じ。砂糖はまた「蔗糖《しょとう》」とも呼ばれる。前記の「甘蔗」の「蔗」である。「蔗」を「しょ」と読むのは慣用読みで、本来は「しゃ」である。「砂」「沙」と音が近いことがわかるだろう。「蔗《しゃ》」は「煮《しゃ》」とも音《おん》が通じる。「砂（沙）糖」は砂粒のような糖《あめ》、「蔗糖《しゃとう》」は原液を煮詰《につ》めて作った糖、という意味が込められている。

しかし、今も言った通り「砂糖」も「蔗糖《しゃとう》」も耳で聞くとよく似ている。英語では砂糖はシュガーsugarである。ロシヤ語ではサッハルである。人工甘味料にはサッカリンがある。ヨーロッパ系言語の「砂糖」は同原である。そのもとはサンスクリットのサッカラだと考えられている。このサッカラが漢籍に入り「砂糖」「蔗糖」となった。「安山岩」が言葉の成り立ちから考えると「アン山岩」であるとすれば、「砂糖」「蔗糖」も同じように「サ糖」「シャ糖」だということになる。「砂糖」は実はサンスクリットの音訳だったのである。

砂糖は仏教とは直接の関係はない。それでも古いインド仏典に使われているサンスクリットが語原である。当然、仏教語にはサンスクリット起原のものが多い。専門の仏教学者がいくつも指摘しているが、私が素人ながらサンスクリットではないかと推測している言葉がある。

禅宗に「野狐禅《やこぜん》」という言葉がある。禅の公案集『無門関《むもんかん》』の第二則に出てくる。百丈和尚《ひゃくじょうおしょう》のもとで法を聞く聴衆の中に、人の姿をしている野狐がいた。もとは修行者であったが悟りちがいをしたので野狐の身に堕《お》ちたのである。何がどう悟りちがいかは、例の禅問答で、素人の私にはうまく説明できない。とにかく「邪禅」の故に野狐になってしまったのである。ここから、悟りちがいの邪禅を野狐禅と言うようになった。

ところで、この「野狐」、ちょっと変ではなかろうか。犬の中には野犬がいる。牛の場合は野牛。豚なら野猪《やちょ》。しかし、狐はもともと野狐である。野狐以外に狐はいない。それをわざわざ「野」と断わる必要はない。

私は、野狐は狐ではなくジャッカル（あるいはそれに近い狼の一種）ではないかと思う。というのは、原始仏典である阿含《あごん》経典の漢訳の中に「野干《やかん》」という言葉が出てくるからだ。サンスクリットでシガーラ。これもペルシャ経由でヨーロッパに伝わって「ジャッカル」となり、支那に伝わって「野干」となった。

「野干」から「野狐」への変化は自然だし、ジャッカルも狐も犬科の動物で、よく似ている。野狐はジャッカルだろうというのは、悟りちがいではないと思うのだが。

トンボと実りと日本と

「語原俗解」という言葉がある。英語ではフォーク・エチモロジー folk etymology という。直訳すれば「民間語原学」となる。単に語原の説明が誤っているというより、それが広く信じられ、諺《ことわざ》のように生活の中に浸透していることを指す。

例えば、商店の開店祝いの祝辞でこんな言葉をよく耳にする。「商売は『商い《あきない》』というぐらいだから、毎日倦《う》まずたゆまず『あきずに』やることが肝要です」。店主の小学校時代の先輩とか町内会長なんて人が、「商い」の語原から教訓を導き出して、こんな風に激励の言葉を贈ったりする。

微笑ましくはあるが、典型的な語原俗解だ。

「商い」は「商う」の連用形による名詞化。「商う」は「あき・なう」である。この「あき」は「秋」すなわち収穫物のことだろうと考えられている。「なう」は「担《にな》う（荷・なう）」「縄をなう」「伴なう（友・なう）」などの「なう」で、そのように「行なう」ことである。従って「あきなう」で、収穫物を交易することという意味になる。

商売はあきずにやるから「あきない」というのは、話としてはもっともらしいが、典型的な語原俗解なのだ。大体、あきずにやらなきゃならないのは商売に限ったことではないし、仮名遣《かなづか》いも無視している。歴史的仮名遣いだと「商い」は「あきなひ」、「飽き無い」は「あきない」だから、言葉の系統がちがうのである。

さて、この「秋」だが、朝日新聞の科学教育欄「DO科学」に、こんな記事が出ていた（二〇〇八年四月二十八日付）。

「田んぼに集う主な生きもの」の一つとしてトンボのイラストが描かれ、説明文がある。「多くの種《しゅ》が田んぼ周辺で繁殖。なかでも、稲穂が豊かに実る秋に舞うアカトンボ（アキアカネ）は昔、秋津《アキツ》と呼ばれ、日本国を指す名称にも使われた」

科学教育欄の記事なので、子供たちに科学への興味を持たせようと工夫しているのだろうがこれは感心できない。説明が不正確だし、そもそも語原俗解である。

説明が不正確というのは、アカトンボの古名をアキツとしていることである。

アキツはアカトンボに限らずトンボ全般を指す古名である。アカトンボだけでなく、トンボ全般が秋の虫なのだ。現代人の感覚では、アカトンボ以外のトンボは夏の空に舞うように思える。トンボの多い八月は真夏だ。しかし、立秋は八月初めである。八月に秋が始まる。俳句でもトンボは秋の季語としている。

語原俗解だというのは、トンボの「秋津」を日本国を指す名称だとしている点である。この説はかなり広く信じられているが、『大言海』で大槻文彦は明確に否定している。日本を指す古名には、大和、敷島など、いくつもの名称があり、秋津もその一つである。しかし、これはトンボとは無関係だ。

「秋津」の「つ」は現代語なら、場所・時期の「の」だ。「天津風《あまつかぜ》」は「天の風」である。「まつ毛」も「目《ま》つ毛」で、「目の毛」である。「秋津」は「秋の」という意味であり、その下に来る語を修飾している。

これがわかれば、トンボは「秋津虫」(秋の虫)の下略形、日本国は「秋津国」(秋の実りの豊かな国)の下略形、と、容易に理解できるだろう。つまり、下の部分が略されているから混同が生じたのである。

大槻文彦は、大和国をトンボ国とする理由はなく、いわんや日本国の形がトンボに似ているなどとするのは「附会《ふかい》も甚《はなはだ》し」と断じる。確かに、『日本書紀』の神武紀の最終部にトンボ説を思わせる記述もあるのだが、それは原漢文を正しく読んでいないからだと、考察している。

今、我々が地図で見てみても、日本列島も、その中心である本州も、トンボのようにはとても見えない。やはり、秋の実りの豊かな国、秋津国と解した方がいい。

ところで、かつては天皇を「現津神《あきつかみ》」とも称した。これは、彼岸の神ではなく、「明きつ世」である現世に姿を明らかにしている神、という意味である。この言葉も『万葉集』や『続日本紀《しょくにほんぎ》』に出てくるので、混同されやすい。むろん、トンボとも秋とも関係はないのである。

【補論】

岩波書店『日本古典文學大系　日本書紀』「神武天皇」の注には、こうある。「狭い国ではあるけれども、蜻蛉がトナメ〔交尾〕して飛んで行くように、山山がつづいて囲んでいる国だなの意」。大和の形がトンボ状なのではなく、トンボの交尾のように「山山がつづいて囲んでいる」と解している。大和は確かにそうである。

下町と山の手

下町がちょっとしたブームであるらしい。下町歩きのガイドブックも何冊か出ている。もっとも、その下町は東京の下町のことである。私の住んでいる名古屋の下町は、別段ブームにはなっていない。

ブームになっているのは、佃島《つくだじま》、浅草、谷中《やなか》・千駄木《せんだぎ》界隈である。佃島、浅草は、低湿地に出来た町だから、確かに下の町だろう。しかし、谷中・千駄木は、不忍池《しのばずのいけ》などの低湿地を見下ろす台地の上にあるのだから、下という感じはしない。台地のはじで、すぐ東南側は低地だし、昔は淋しい所だったから、意味を広げれば下町となろう。このあたりは、戦前からの商店や住宅が残り、庶民的な雰囲気が漂っている。下々《しもじも》の町、下町ではある。

英語にダウンタウン down town という言葉がある。これを下町のことだと思っている人が多いが、そうではない。ダウンタウンは、商業地区、繁華街のことである。多くは町の中心部にある。東京で言えば、渋谷とか六本木などだろう。日本語の下町とは大きくちがっている。たいていの英和辞典には、ダウンタウンを下町とするのは誤訳だと注記してある。

下町に対するのは、山の手である。文字通り台地の上にある。水はけも風通しも日当たりもよい。上流階級の人たちが住む町である。英語には、ダウンタウンに対してアップタウン up town という言葉がある。これは繁華街に対する住宅街であるが、必ずしも上流とか上品とかいうわけではないらしい。アップタウンを単純に山の手と解釈しないようにと、これも注記している英和辞典がある。

日本語の「山の手」には、単に住宅街というだけではなく、上流階級の人たちが住む町という含意がある。落語に出てくる大家《たいけ》のお屋敷はたいてい麴町《こうじまち》にある。麴町近辺、千代田区から新宿区にかけては、大名の江戸屋敷が多かったところだ。

今は千代田区、新宿区はお屋敷町ではなく、山の手という感じはしない。現在では、目黒区や世田谷区が山の手と呼ばれる。高級住宅地があるからだ。しかし、落語の『目黒のさんま』では、目黒は農村地帯の代表として出てくる。そんな農村地帯のさんまが旨いと殿様が言うから笑いになる。世田谷区も、私が学生だった一九七〇年頃までは、キャベツ畑があちこちに見られ、私鉄沿線の駅前には世田谷農協の看板が立っていた。ここ四、五十年で、瀟洒《しょうしゃ》な家が多い町に変わったのである。

東京には、中心部を円環状にJR「山手線」が走っている。一九七一年までは「山手《やまて》線《せん》」と言った。今でも山手線《やまてせん》と呼ぶ人がいる。これは本来「山手線」と書いて「山の手線」と読んだのである。「源義経」と書いて「源の義経」と読むようなものだ。やがて、文字に引きずられて次第に「山手線《やまてせん》」が定着し、それが正式名称になってしまった。それを一九七一年に本来の名称に戻したのである。

「山の手」が「山手」でない以上、環状線も「山手線《やまのてせん》」が正しい。しかし、山手線は必ずしも山の手を走る電車ではない。下町である上野や日暮里《にっぽり》も走る。東京の台地周辺を走り、山の手のターミナル駅をつなぐから、山手線ということになる。

ところで、「山の手」の「手」とは何だろう。漢字の「手」を当てているけれど、ハンドの意味でないことは明らかだ。

この「て」は、そちら側、そちらの方向、という意味である。「山の方向」「山の側」といったところだ。これは「つ・へ」が縮約したものである。

前回、トンボの古語「あきつ」が「秋の（虫）」という意味だ、と書いた。この「つ」は場所・時期を表す「の」だとも書いた。この「つ」に、「行くへ（え）」など、方向を表す「へ」がついて、「つ・へ」↓「て」となったものである。

「裏手に回る」「行く手をさえぎる」という時の「手」もハンドとは関係がない。そちらの方向という意味である。

名古屋の古い方言に「そこな手」という言葉がある。

●そこな手の茶碗を取ってくれ。

こんな風に使うが、現在は老人でもほとんど口にしない。これが「山の手」と同じ用法であることは言うまでもない。山の手の概念は拡大しているのに、同じ用法の方言は消滅しつつある。

一六の今昔

少年画報社創業六十周年特別企画として、桑田次郎『まぼろし探偵』が復刻刊行されている。これは一九五七（昭和三十二）年「少年画報」で連載が始まり、テレビドラマ化もされた人気マンガである。五十余年を経て再読してみると、言葉や時代相のちがいが懐かしくもあり面白くもある。

特に、数字の表記が興味深い。原則として漢数字表記で「もう二時間にもなるのに　めだか一ぴき釣れやしない」「もう二どと　われわれのしごとをじゃまされなくてすむ」などと書いてある。昨今の何でもかんでも算用数字（洋数字、アラビア数字）で書く風潮とは大きくちがっている。

近年では、総合週刊誌でも算用数字を使うところが多く、漢数字表記を守っているのは

「週刊文春」ぐらいだ。文芸出版社としての見識だろう。新聞も原則として漢数字を使っているのは全国紙では日経新聞のみになってしまった。他にはブロック紙(広域地方紙)である東京新聞＝中日新聞、また、いくつかの有力地方紙が漢数字表記を守るだけだ。この調子では、そのうち、

●2葉亭4迷と樋口1葉(二葉亭四迷と樋口一葉)

●4国高知の41000010川(四国高知の四万十川)

なんてのが紙面に出てくるんじゃないかと、あらぬ期待をしているのだが、さすがにそこまではいっていないようだ。

半世紀前の『まぼろし探偵』には、少年マンガでありながら漢数字が生きている。というよりも、漢数字でなければ意味が通らない話も出てくる。

三人組の悪者たちが銀行強盗をする。目星をつけておいた銀行へ自動車で乗りつけ、ビルの看板を見て、こう言うのだ。

「これが一六銀行か。ふむ、なまえのわりになかなかりっぱだ」

ギャグである。私自身は記憶がはっきりしないが、当時の子供たちはこれで笑ったのだろう。少なくとも桑田次郎は笑わせようとしてそう書いたはずだ。しかし、今なら大人に

も解説が要るかもしれない。

「一六銀行」とは「質屋」の冗談表現である。一と六で七。庶民金融機関の質屋を「七屋」すなわち「一六銀行」と洒落たわけだ。これが「１６銀行」ではちょっとずれるし、「16銀行」なら全然意味が通らない。

この一六銀行は、もちろん実在しない。しかし「十六銀行」は実在している。

十六銀行は、岐阜県岐阜市に本店を置く有力地方銀行で、隣県にも支店を持ち、広く営業展開している。この銀行は、明治五（一八七二）年の銀行条例によって認可設立された銀行で、認可順位が十六番目だったから「十六銀行」である。全国には同じように番号を名称とする銀行がいくつもあるが、そのほとんどがやはり銀行条例の認可順位にちなむものである。

十六銀行は常に「十六銀行」と表記し、「16銀行」はもとより「一六銀行」とも表記しない。質屋と混同されることなどありえない。表記の問題は予想外に重要なのだ。

ところで、最近の銀行名には奇抜なものや外来語のものが時々見られる。「セブン銀行」という名称を聞いた時には、私に利害が関係するわけでもないのに、ちょっと困惑した。

この銀行は、セブン・イレブンの資本系列にあり、全国の同店舗のＡＴＭが利用できるので「セブン銀行」を名乗っている。「ラッキー・セブン」を連想する人も多いだろうが、それこそ「一六銀行」を連想する人もいないでもなかろうに、と思ってしまう。近ごろは庶民金融といえば消費者金融（サラ金）が中心で、質屋の利用者はさほど多くはないから「セブン銀行」でもいいのだろう。

さて、先日、仕事で愛媛県松山市に行ってきた。四国第一の大都市でありながら、松山城、道後温泉が市内にあり、ゆったりした美しい町である。

その松山の名物に「一六《いちろく》タルト」という洋菓子がある。タルトというのは、カステラ生《き》地《じ》に各種の餡《あん》を巻いたもので、もとはオランダから伝わったという。いくつかのメーカーがそれぞれのブランドで競い合っているが、知名度では一六タルトが一歩リードしているようだ。この「一六」は創業の明治十六年にちなんでつけられている。おっと紙幅が尽きたので、続きは次回。

貧乏人には読めない文字

前回、愛媛県松山市の銘菓「一六《いちろく》タルト」が明治十六年創業にちなむものであると書いた。つまり、この「一六」は「十六」をこのように表記したものである。

こういう数の表記法に我々はかなり慣れているので、さほど不思議には感じないのだけれど、よく考えてみれば不思議である。単純に言って、「十六」と「一六」は当価ではない。「じゅうろく」は「十六」とも「一六」とも書くことが（一応は）可能なのに、「いちろく」は「一六」としか書けない。「十六」では「いちろく」とは読めないのである。わかりやすくまとめれば、こうなる。

●じゅうろく　十六（○）

　　　　　　一六（一応○）

●いちろく　　一六（〇）
　　　　　　十六（×）
「じゅうろく」を「十六」とも「一六」とも書くようになったのは、近代教育の算数の教科の中で洋数字が使われてからのことである。洋数字は、アラビア数字とも算用数字とも言う。まさしく、算数用の外来の数字なのである。
この洋数字の一大特徴は、位《くらい》取りのあることであり、位取りを考えないと「読めない」
ことである。文字は読めなければ意味がない。人間の発する音声言語を視覚符号化したものが文字であるのだから、当然である。しかし、算用数字「1」はそうではない。

●一千万（いっせんまん）
●一（いち）

は位取りの中で読み方を、ひいては意味を変える。

このように、「一」は常に「いち」（音便化すれば「いっ」）である。しかし、算用数字

●15（じゅうご）
●1（いち）

1はある時は「いち」であり、ある時は「じゅう」である。これは「1」に限らない。

●1000000（いっせんまん）

この場合は「1」は「いち」だが、「000000」が、これだけまとめて「せんまん」である。「0」はバラでは読めない。

●2001（にせんいち）

この場合、「2」が「に」、「1」が「いち」だとすれば、「00」が「せん」なのか。

このように、位取りによって読み方が変わる文字は、まだ近代的算数教育が普及する前の人々にとって、不思議な文字であり、西洋かぶれの気取った文字であったらしい。野元菊雄は『岩波講座　日本語3』の中で、面白いことを書いている。大正時代の小説に、貧しい家の子供が自動車事故に遭う話がある。親は、その自動車のナンバーをにらんで「畜生、貧乏人には読めない字を自動車に書きやがって」と怒る、というのだ。

現代では想像もつかない話だ。というより、事態は逆転し、漢数字の方が知識人用の文字、洋数字が貧乏人や子供にも読める文字、となっている。

私は、「一六タルト」のある松山市内のバス停標示に、次のようにふり仮名《がな》がつけてあるのを見て、この七、八十年の変化を痛感した。

●一番町二《いちばんちょう2》

「二」は「二丁目」の略である。それはいいのだが、ふり仮名が変だ。「一番町《いちばんちょう》」とするなら「二《に》」だろう。「二《2》」とふり仮名をつけるのも妙だが、どうしてもそうしたいのなら「一《1》番町《ばんちょう》」としなければなるまい。

算用数字は位取りを必須とし、それ故、計算に便利な数字である。漢数字でも、西暦表記のように、計算の便利さを主眼とするものは、「一九六七年」のように位取りで表記することが多い。それでも、ミステリー作家の都筑道夫などは、表記の論理的一貫性を重んじ、「千九百六十七年」と書いていた。

西暦表記をそこまでやるかどうかは意見が分かれるが、算数や数学以外の通常の文章では、漢数字、それも位取りを使わない漢数字の使用の方が日本語として順当だろう。

●第一三共製薬

●髪を七三に分ける。

いずれも「十三」ではないし、「七十三」でもない。位取りで読むと意味がわからなくなる。そもそも、算数の授業でもそうだ。

●この子はもう九九を習った。

むろん「くく」であって「きゅうじゅうきゅう」ではないのだ。

罰と愛

最近、若い女流小説家の文壇進出が目立つ。私は、現代小説には全く興味がないので、一作も読んだことはないのだが、職業柄本屋で表紙ぐらいは眺める。川上未映子も、そんな女流新人の一人である。二〇〇八年、芥川賞を受賞し、華々しく文壇に登場した。受賞作は『乳《ちち》と卵《らん》』である。私はこれを目にした時「ちちとたまご」だと思った。

普通誰でもそう思うだろう。「乳」は、熟語は別として、単独では「ちち」と訓読みし、「にゅう」と音読みすることはない。同じように、「卵」も熟語以外は訓読みで「たまご」と読み、音読みで「らん」と読むことはない。それでは意味が取れないからである。この小説で「卵」を「らん」と読ませるのは何か特別の効果でも狙っているのだろうか。

私は大学やカルチャーセンターで文章表現の講座を持っているが、難解でもったいぶった名文ではなく、明快な文章を書くように指導している。その文章表現技術の一つが、並列や対比の文章では項目を同類・同格のもので揃えることである。

●山の動物と植物（○）
●山の動物と木と草（×）

「動物」は一つのまとまりがあるが、「木と草」ではまとまりが弱く、「動物」との対比がぼやけてしまう。

●労働と収入の比率（○）
●働きと収入の比率（×）

「労働」と「働き」は意味は同じだが、漢語なら漢語で、和語なら和語で揃えた方がわかりやすくなる。

書名のように、読者の第一印象を形作るものには、なおさらこうした工夫が必要だ。名作と称されるものはたいていそういう書名になっている。翻訳も含めて小説や思想書の書名を挙げてみよう。

●『戦争と平和』トルストイ
●『美女と野獣』ボーモン夫人

●『赤と黒』スタンダール
●『点と線』松本清張
●『存在と時間』ハイデッガー
●『国家と革命』レーニン

いずれも対比項目となった二つの言葉は文字数が同じだし、漢語は漢語、和語は和語で揃えられ、対比が強く印象づけられる。もし、『戦争と平和』が『いくさと平和』だったら、『美女と野獣』が『美女とけもの』だったら、これほど有名な作品にはならなかっただろう。

そうはいうものの、世界文学史上屈指の傑作とされるきわめて有名な小説に、この方式から外れたものがある。『乳と卵』の方式で書名がつけられているのだ。

●『罪と罰』ドストエフスキー

これが『乳と卵』方式だとは一見気づきにくい。『乳と卵』とはちがって、「罪」も「罰」も単独で「つみ」「ばつ」と読み、それで意味が通じるからだ。しかし、「罪《つみ》」は訓読み、すなわち和語、「罰《ばつ》」は音読み、すなわち漢語なのである。

「罪」は、音で「ざい」、訓で「つみ」と読む。「ざい」は「罪科」「犯罪」などの熟語に使い、単独で使うのは訓の「つみ」である。しかし、「罰」は、熟語でも「罰金」「刑罰」などと音読みで使い、単独でも「罰を受ける」などと音読みで使う。「罰」には訓がないのである。

どうやら「法律や規則に反した制裁」という意味で「罰」という言葉を使うのは、比較的新しいことのようだ。近代以前は「仕置《しお》き」「咎《とが》め」などと言ったらしい。「罰」には「天罰」「仏罰《ぶつばち》」のように、宗教的色合が濃かった。

小説でも思想書でもないが、有名なマンガに、こんな例がある。

●『愛と誠』梶原一騎作、ながやす巧画

このマンガでは、「愛」も「誠」も抽象的概念と人名とがかけてある。少女の名前が愛、少年の名前が誠である。しかし、愛と誠には微妙なちがいがある。「愛」は音、「誠」は訓、つまり、「愛」は漢語、「誠」は和語なのだ。

「愛」の訓、と問われて、すぐに答えが出せる人は少ない。動詞で「めでる」「おしむ」、形容詞で「いとしい」「かなしい」だ。人名では「やすみ」「よしみ」「めぐみ」などとなる。しかし、現代人はほとんど漢語の「あい」としてのみ使う。これもまた近代に入ってからの傾向である。

消え行く方言、広がる方言

日本中から方言が急速に消え始めたのは、一九六〇年代後半のことである。私はこの時代に東京で学生生活を送ったが、夏休みに郷里の名古屋へ帰省するたびに、繁華街の雑踏で交わされる会話から方言が駆逐されてゆくのを体験している。一九七〇年代に入ると特に若い女性からは、方言はまず完全に消えた。これは名古屋だけのことではなく、どこの地方でも似たような現象が観察できる。

この最大の原因はテレビの普及である。一九六〇年代後半にカラーテレビが徐々に広がり始め、その後数年で一家に一台の時代から一部屋に一台の時代になった。幼児の頃からテレビで言葉を学ぶ習慣が定着し、方言は根絶やしになっていった。

唯一の例外が大阪弁である。大阪弁だけは、一九六〇年代後半、逆に市民権を得、第二標準語として全国に許容されていった。これもテレビの力である。お笑いものを中心に関西の放送局制作の大阪弁を交えた番組が全国に放映され、広く親しまれるようになった。この頃から政治も文化も東京一極集中の傾向が強くなったが、さすがに大阪だけは東京に拮抗《きっこう》できる力があったわけである。

こうして大阪弁が広く認知されるようになって半世紀余り、そのおかげで本来方言であったことがわかりにくくなった言葉がある。「しんどい」である。これは「辛労」「心労」が語原で、それが形容詞化したものだ。今では普通に使われるが、それはここ数十年ほどのことだ。先にも述べた私の学生時代、大阪出身の友人が「このアルバイトはしんどいな」などと言うと、奇異な感じがしたり、中には笑う者がいたぐらいだった。少し前の辞書には関西方言であると、注記してあった。

関西風の発音も全国に広まりつつある。

東京の下町では、「ひ」の発音が「し」に近く、慣れない人には「日比谷」と「渋谷」が聞き分けにくい。簡単に言えば、「ひ」を「し」と発音していることになる。一方、関西では、「し」を「ひ」と発音する。「七」は「ひち」である。標準語ではむろん「しち」である。ところが、最近、ＮＨＫのアナウンサーでもこの発音が少しおかしくなっている。「七時のニュースです」が「ひちじのニュースです」に聞こえるのだ。関西風の発音に影響されたものと思われる。

その一方で、やはり本来の大阪言葉の消滅は厳然としてある。それどころか、関西の新聞でありながら大阪方言の解釈をまちがえて、理解不能の記事にしたものさえある。

産経新聞の大阪本社版は独自色が強く、地域文化を紹介する記事にも紙面を大きく割《さ》いている。それ自体はいいのだが、つまらぬ記事もけっこうある。「話術の達人」という連載記事もその一つだ。関西にゆかりのある芸人の話術の妙を紹介するのだが、文章が冗長で焦点が定まらず、全然面白くない。筆者は、作家の戸田学、とある。

面白くないのは私の主観的判断だとしても、意味不明の文章が出てくるのはまずい。二〇〇八年九月十一日付の淀川長治を論じた回では、淀川の語りをこんな風に紹介している。

「下田の港。若いのが10人ぐらい、エンヤコラと綱をひいてるの。そこへおばあさんが来て、『もう若い者に任せて帰りましょう』言ったの。このなかにおじいさんが1人入ってたのね。おばあさんは、鋳掛《いか》けと提灯《ちょうちん》を持ってるの」

下田港で、十人ほどの若者に混じって老人が地引き網漁をしている。そこへ老婆が来て、帰宅をうながす。その老婆が提灯を持っているのはおかしくない。夕暮時だからである。しかし、なんで鍋釜の穴を修理する「鋳掛け」の道具まで持っているのだろう。読んでいる私は不思議に思ったが、書いている戸田学は不思議に思わなかったらしい。

続く淀川長治の言葉は、こうだ。

「網から魚が2、3匹落ちてるの。それをおばあさんがひろってかごに入れるのね。それがよかったな、今晩の飯のため、ちゃんとおかずを持って帰るところが」

やっとわかった。老婆は、かご（ざる）と提灯を持って来たのだ。かごは魚を入れるために、提灯は明かりにするために。

関西、さらに広く西日本では、「ざる」を「いかき」と言う。「湯掛け」「湯掻《が》く」が語原だ。方言学・民俗学では「ざる文化圏・いかき文化圏」というほど有名な現象なのに、大阪でも既に忘れられつつあるらしい。

音読み、訓読み、漢字読み

字面《じづら》が似ているので読み誤りやすい語がある。

●数字……ではなくて、数学

●解説……じゃなくて、解脱《げだつ》

東京墨田区の両国には大相撲の国技館がある。その隣にある町名が

●横綱……かと思ったら、横網《よこあみ》

これは誰でも読みまちがう。相撲だけに、横綱のうっちゃりといったところか。

漢字では同じ字なのに、読み方がちがい、意味もちがう語がある。文脈を理解していないと、当然ながらこれも読み誤りやすい。

●気配（きくばり、けはい）

読者が読み誤りそうな気配《けはい》を感じ取って「気配り」と送り仮名《がな》をすることが多い。それこそが気配りとも言える。

●真面目（まじめ、しんめんもく）

「まじめ」と読むのは借字《しゃくじ》。本領を発揮するのが「しんめんもく」。

●生物（せいぶつ、いきもの、なまもの）

「せいぶつ」と「いきもの」はほぼ同じ。「なまもの」となると、これは食物、これも「たべもの」と「しょくもつ」の二つの読みがあるが、意味は同じである。

●新手（しんて、あらて）

「しんて」は次々に出る振り込め詐欺の手口、「あらて」は次々に現れる敵兵である。

●身上（しんじょう、しんしょう、みのうえ）

「しんじょう」は調査し、「しんしょう」は飲みつぶし、「みのうえ」は遊女が客に話す。

もう少し複雑なものもある。

NHK－FMの音楽番組で、ディスクジョッキーが聴取者からの葉書をこんな風に読んだのを聞いたことがあった。

「私はラッシュ時の満員電車が嫌いなので、カセイ早い電車に乗ることにしている」

「カセイ早い」では意味がわからない。このディスクジョッキーは、意味がわからないまま「カセイ」という語があると思っているのだろう。その葉書には、こう書かれていたはずである。

●可成早い電車に乗る。

普通、これは平仮名で書くことが多い。「かなり」である。多くの通勤者・通学者は八時前後の電車に乗る。しかし、この葉書の主《ぬし》は「可成《かなり》早い」六時台の電車にでも乗るのだろう。それにしてもＮＨＫらしからぬひどい読み誤りだ。私はそう思った……のだが、いや、それもちがうかもしれないと気づいた。

●可成《なるべく》早い電車に乗る。

こうかもしれない。「可成」を「なるべく」と読むのは、漢文訓読風にひっくり返す読み方である。他に「被下」と書いて「くださる」も候文《そうろうぶん》では使われる。東京上野の「不忍池」も同じ方式で、「しのばずのいけ」である。ともかく、「可成」は「かなり」とも「なるべく」とも読む。しかし、カセイとは読まない。

●核兵器は所有国が積極的に廃絶を目指すべきだ。

これは、どうだろう。確かに、核兵器は所有国《しょゆうこく》こそが率先垂範《そっせんすいはん》して廃絶を進めるべきである。しかし、世界中の所有国《あらゆる》が一致して核廃絶を目指すとも読める。「所有」を「あらゆる」と読むのも、漢文訓読風のひっくり返す読み方である。

読み方が変わっていき、各段階の読み方が生きている語もある。

●おこの沙汰である。

馬鹿馬鹿しい話だ、という意味だ。

●尾籠《びろう》な話である。

下品で汚い話だ、という意味だ。この「尾籠」は「おこ」に漢字を当て、それがさらに音読《おんどく》されたものだ。「尾籠」と区別するために「烏滸《おこ》」という字も考え出された。

●物騒な事件が多い。

これも「物騒《ものさわが》しい」を音読したものだから、送り仮名がないと両様に読める。

●当然のことだ。

●当前《あたりまえ》のことだ。

一見漢字がちがうが、意味は同じである。

「当然」を「当前」と借字し、それをもう一度訓読したものだからだ。昔の小説で「当《とう》前《ぜん》」としたものを見たこともある。

擬似科学と擬似漢字学

二〇〇八年十二月三日夜のことである。原稿がなかなか書き上がらない。深夜を過ぎ、日付の上では四日の早朝となった。ここらで一服、お茶でも飲むか。熱いお茶を口にしながら、ラジオをつけた。前夜から続くＮＨＫの「ラジオ深夜便」である。これは愛聴者の多い番組だ。若者向きの騒がしい深夜放送とちがい、静かで押しつけがましさがなく、穏かな教養主義も好ましい。私自身も何夜か出演したことがある。好番組ではある。しかし、時々俗流精神訓話みたいなものが入るのは、ちょっと……。

この夜（というより早朝）は、東海大学農学部の片野學教授が「農と食」といったテーマで話をしていた。日本の農業は農薬と化学肥料に頼りすぎで、田畑は疲弊してしまった。田畑の力を回復させ、農村を再生させなければならない。片野教授は、そう力説する。これはほぼそのまま賛成できる。しかし、そこから「食」の話になると、少し様子がおかしくなってきた。

片野學教授は玄米食を推奨するのだ。確かに、玄米には白米にはない栄養分が含まれているが、その栄養分は必ず玄米から取らなければいけないわけではない。白米と他の食物の組み合わせで十分に栄養の摂取ができる。しかし、片野教授は玄米食のすばらしさを力説、さらに肉や卵を食わない菜食主義まで主張するのだ。宗教上の理由から菜食を主張するのなら、わからないでもない。その菜食の根拠は戒律である。しかし、片野教授は健康の維持を根拠とする。玄米食・菜食は健康によいのだと。本当だろうか。

日本人はほんの数十年前まで、白米を十分に食べることもなく、肉や卵や牛乳も普段は食べられず、その結果、寿命も短かったではないか。白米も肉も卵も牛乳も不自由なく食べられるようになって、日本人の寿命は飛躍的に延びたのである。成人病が多くなったのは、玄米食や菜食をやめたからではない。寿命が延びたからである。白米や肉や卵や牛乳を食べ、成人病が出る年齢まで生きられるようになったからである。

片野學教授は桜沢如一《ゆきかず》の「玄米正食《せいしょく》」にも言及した。桜沢如一は一種の神秘主義者《オカルチスト》である。だいたい、桜沢自身、一九六六年に七十二歳で死んでいる。その時代では短命というほどではないが、決して長寿でもない。現代なら全然長寿とは言えない。玄米食と菜食をしていても、長寿は保証されないのだ。

片野學教授の説くのは、「少欲」の精神訓話と擬似科学の融合物である。そして、この手の人たちは、えてして俗流字解が好きである。

片野學教授は、「食」の重要性について考えていた時、はたと気づいたと言う。「食」とは「人」に「良」という意味だ。人に良いものが食べ物なのだ。この字に先人の知恵が込められていたのだと。

困ったものである。

「食」は、今はこの字が通用している。しかし、食偏《しょくへん》では「饉」と書くように、かつては「𠊊」とも書かれた。全然「人」に「良」ではない。しかも、本来は「亼」と書いたと漢和辞典に出ている。ますます「人」に「良」ではない。「食」の下の部分は食器の形を表し、上の部分は、その蓋《ふた》、あるいはショクという音《おん》を表す。先人の知恵を調べれば調べるほど、「人」に「良」ではないことが明らかになる。

片野學教授は、さらに支那の古典からこんなことにも気づかされたと言う。

「粕《かす》」という字は、米が白いと書く。精白した米はカスなのだと。

これまた困ったものである。「粕《はく》」は米の薄片。薄《はく》と白《はく》で音が通じている。米を「拍《う》」って精米した時に出る残りかすという意味も重なっているだろう。いずれにしても、精白した米が本体であり、粕はその残りかすなのである。本体と残りを逆に解釈しては話にならない。

片野學教授は、やはり支那の古典からこんな発見までしたと言う。「糠《ぬか》」という字は、健康によい米なのだと。

またまた困ったものである。「康」は脱穀精米する手と杵《きね》の形を表す。従って「米」と「康」で「糠《ぬか》」である。「康《やす》らか」と読むのは、米が穫れ、精米され、それで人々が「康らか」な気になるからである。精米されていない玄米では「康らか」さは足りない。

それにしても、疑似科学に走る人は、科学的思考を侮《あなど》っているし、人文的思考をも侮っている。

理科系人間の人文教養

二〇〇八年暮の十二月二十日、NHK教育テレビの健康番組が、冬季の入浴を特集した。講師は群馬大学の白倉卓夫名誉教授である。白倉教授は温泉治療学が専門で、入浴の効用と入浴時の注意点についてわかりやすく解説した。

名誉教授というからには七十歳ぐらいだろうか、見るからに温厚で知的な雰囲気を漂わせていたが、話す言葉も昨今の小説家などよりよほど正しく、私はちょっと感動した。専門の医学教育を受けただけではなく、しっかりした人文系の教育も受けたのだろう。

白倉教授は、冬季の入浴は血流を促して体が温まるが、半面、高齢者は血圧の急激な上昇などがありうるので注意すべきだ、と言う。それを防ぐには、まず浴室全体を湯気で温め、足にお湯をかけたりして体を慣らし、それから「おもむろに」湯槽《ゆぶね》に入る。ここが大切だと強調し、再度「おもむろに」をくり返した。

もちろん、白倉教授の語る通り「おもむろに」は「ゆっくりと」という意味である。漢字で書けば「徐《おもむろ》に」。「徐行」は「徐に行く」ことだ。語原は「重い」に通じ、重々しい感じでゆっくり、という意味である。

ところが、最近「おもむろに」を、「いきなり」とか「突然に」とか、正反対の意味に誤用する例が多く見られる。言葉ぐらいまちがったって人が死ぬわけじゃないと思う人もいるだろうが、冬季に体が冷たいまま、いきなり熱い湯に飛び込んだら、これは生命に関わる。やはり言葉は正しく使わなければならない。

似た言葉に「やおら」がある。「やわらか」と同原の言葉だから、意味はやはり「ゆっくりと」である。しかし、これも最近は正反対の「突然」の意味にしばしば誤用される。

私が白倉教授に好感を持ったのは、彼が一昔前には時々いたような教養ある医師であることだ。医師という理科系の専門職に就いていながら、文科系人間のつもりでいる小説家などより、よほど文科系の教養を身につけている。

こんな例もある。

「週刊新潮」（二〇〇八年十二月二十五日号）は、歌手でテレビタレントの泰葉の「狂気の罵詈雑言を取り上げている。泰葉は春風亭小朝と離婚してから、八つ当たりのような言動が目立つらしい。泰葉は、ある芸能プロダクション社長の留守番電話に、こんなこと
を吹き込んだという。
「おまえ、垂れ込んだだろう、『女性セブン』に。くそ。姑息《こそく》なまねしやがって」
大変な見幕である。泰葉には何か金銭上のトラブルがあったのだが、それをマスコミに
流し、泰葉の信用失墜をはかった、と怒っているのである。そのトラブルの詳細よりも、
言葉の誤用の方が、私には気になる。
泰葉は「姑息」を「卑怯《ひきょう》」という意味で使っている。音感がコソコソと似ているが故の
誤用で、これも最近よく見聞きする。正しくは、一時しのぎという意味である。「姑《しば》く息《やす》
む（休息）」のだから、本質的解決ではない一時しのぎのやり方である。別に卑怯という
わけではない。
この「姑息」も実は医学界では正しく使われている。心臓弁膜症の手術では、患者の体
力や症状に応じ「姑息手術」が行なわれることがある。姑息手術後の経過を見て、根治手
術が行なわれる。この姑息手術は、一時しのぎの手術という意味であって、卑怯な手術で
はない。だいたい、手術に卑怯も正正堂堂もあるはずがない。卑怯な手術なるものがある

とすれば、それは美容整形手術だろう。だってねぇ、あんな顔がこんな顔になってしまうんだもの。

最近出た『「地震予知」はウソだらけ』(講談社文庫)でも「姑息」は正しく使われている。著者の島村英紀は国立極地研究所長などを務めた地球物理学者である。

島村英紀は、気象庁の体積歪計《ひずみけい》の設置方法改良が「一時しのぎ」だと批判する。

「これだと電子回路に異常があったときに、地殻変動の信号の異常ではなくて電子回路の故障だということがわかる。しかし、これも姑息な改良だ。故障だということはわかっても、観測すべき肝心の地殻変動の信号が失われていることは変わらないからだ」

島村英紀も七十歳近い理科系の学者である。最近、文部科学省は子供たちの理科離れが著しいとして、理科教育の重視をおもむろに唱えているが、姑息な改革ではなく、根源的な教育改革を目指すべきだろう。

鷗外ならわかるけど

筑摩書房の宣伝誌「ちくま」の二〇〇九年一月号に、作家の姜信子《きょうのぶこ》が亡くなった妹の部屋に入った話を書いている。部屋に入って本棚をまじまじと見た。そこには、

「春樹に龍に詠美、宮部みゆき宮本輝。大江三島川端潤一郎鷗外一葉もあった」

いかにも文学好きらしい作家名が並んでいて、それはそれでいいのだが、気になることがある。作家名を書くのに、姓と名で表記するのか、姓のみで略記するのか、名のみで略記するのか、何の規準もないことだ。姜信子の表記法をまとめると、次のようになる。

●姓と名

宮部みゆき

宮本輝

●姓のみ

大江（健三郎）

三島（由紀夫）

川端（康成）

●名のみ

（村上）春樹

（村上）龍

（山田）詠美

（谷崎）潤一郎

（森）鷗外

（樋口）一葉

こんな風になっていて、一定していない。実は私もこの書き分けの規準がわからない。だから、別に信子を批判しているわけではない。姜と似たり寄ったりである。

このうち「鷗外」だけは、何となくわかる。これは単なる略記というより、号である。昔の文人が幼名《ようみょう》や実名《じつみょう》などとは別に「風雅の用として」（『大言海』）つけたものだ。俳人の場合は、俳号を持つ。これは姓と併記しなくても、俳号だけでその俳人を表す。芭蕉は「芭蕉」だけでよく、「松尾芭蕉」とする必要はない。ただ、俳号だけではどこかすわりが悪いので、フルネームのように「松尾芭蕉」とすることが多い。鷗外も、これと同じである。鷗外すなわち森林太郎であるので「鷗外森林太郎」と書くこともある。明治期の小説家には、こういう号を用いる例が多い。

では、「一葉」はどうか。樋口一葉は本名が樋口夏子である。女には普通、号はないから、昨今と同じ筆名である。それを「一葉」とするのは、姓を省いた略記ということになる。樋口一葉に限って、なぜ名の方で略記するのか、理由がわからない。

森鷗外と並び称される夏目漱石の「漱石」も号である。従って、「鷗外と漱石」などと、ともに号で呼ばれる。おおむね明治期の文学者は、これと同じである。「逍遥（坪内）」「露伴（幸田）」「鏡花（泉）」などだ。例外が二葉亭四迷である。彼は「四迷」と呼ばれず「二葉亭」である。これは全体が「くたばってしまえ」をもじったものだから、その下略形だということなのだろうか。

現代の作家は、本名であろうと筆名であろうと、姓で略記される。「春樹」とか「龍」とか「詠美」とか、信子は書いているけれど、これは定着していない。しかし、「松本清張」だけはなぜか「清張」である。

作家以外の著名人は、どうだろう。科学者、評論家、研究者などは、例外なく、初出は姓名、二度目から略記する時は姓のみである。湯川秀樹が「秀樹」とされることはなく、小林秀雄が「秀雄」とされることはなく、吉川幸次郎が「幸次郎」とされることはなく、新村出《しんむらいずる》が「出」とされたことなど一度もない。「出」って、出席簿じゃないんだから。

芸能人は、男の場合は、姓で略記される場合が多い。「三船（三船敏郎）」「森繁（森繁久彌）」などだ。しかし、喜劇役者など親愛の情を込めて呼ぶ場合は、名で略記するか、愛称が使われる。「ロッパ（古川緑波）」「エノケン（榎本健一）」。現代では、ファンとの距離が縮まっているためか、この方式が多い。女の芸能人の場合は、「ひばり（美空ひばり）」など、ほとんどがこちらである。親近感が強調されるからだろう。

外国人の場合が、もっとわかりにくい。

支那人、朝鮮人の場合、同姓が多かったり、一字姓は地の文に埋もれやすいので、李白、魯迅、朴烈、金日成などフルネームが使われる。これはちゃんとわかる。しかし、西洋人で、マックス・ウェーバーやアダム・スミスはフルネーム、ゲーテやマルクスは姓だけ、というのがわからない。しかし、私も何となくそう書いているのである。

片仮名化を拒否する言葉

高級官僚や大学教授といった人たちがむやみに片仮名語を使いたがる。「合意」と言えばいいものを「コンセンサス」と言う。「決定」と言えば誰にでもわかるのに「ディシジョン」と英語で言う。無意味な外国崇拝《すうはい》（といっても欧米崇拝なのだが）なので、こういう風潮はやめるべきだ、という批判の声がしばしば上がる。

私もそう思う。原語を暗示すべき文脈ならともかく、何でも英語を混ぜると高級な文章になると思う根性が卑しい。しかし、半面、こうした批判の声の裏に高級官僚や大学教授への妬《ねた》みも感じられる。社会的エリート層を叩けばそれでよしとする安易な反権力論でもあるように思う。というのは、平易な日本語をわざわざ片仮名語に言い換えるのは、何も高級官僚や大学教授に限ったことではないからだ。社会的エリートとはほど遠い女子高生にもよくある。

十年ほど前、ラジオの若者向け番組を聞くともなく聞いていたら、聴取者、それこそ片仮名語で言うリスナーの文章から「誕生日」という言葉が消えているのに気づいた。何か誕生日が特集だったらしいのだが、紹介される手紙やEメールでは全員が「バースデー」と言っていたのだ。聴取者の中心は女子高生である。彼女たちは「誕生日」をやめて「バースデー」と言うようになっている。その後若者向けの雑誌なども注意して見ているが、この傾向が定着しつつあるようだ。

「誕生日」を「バースデー」と言い換えることに何の意味があるのだろう。愚劣としか言いようがない。高級官僚だろうが大学教授だろうが、エリートとはほど遠い女子高生だろうが、どうも日本人全般が日本語はダサイ、英語はかっこいいと思い込んでいるようだ。

「誕生日」は漢字の画数が多く、見た目がこみいっているので避ける心理が働いたと考える人もいるだろう。それも一理ある。日本語をそのまま片仮名書きした言葉もあるからだ。

●バンソーコー（絆創膏）
これは漢字の画数が多く見た目がこみいっているので、そのまま片仮名化して使われるようになった。本来は、「創（きず）」を「絆（つなぎとめる）」「膏（膏薬）」の意味である。しかし、昨今ではこの漢語が理解しにくい。何しろ人名に「創《そう》」なんてのがつけられる時代だ。「創造」の「創」のつもりなのだろうが、「刂《りっとう》（刀）」がついているように、意味は「きず」である。材木を鉈《なた》で切ってものを作り始めるので「創《はじ》める」意が生まれた。

絆創膏は、英語ではテープ……ではなくて、プラスター plaster である。石膏《プラスター》のギプスから転じたものらしい。

●マホービン（魔法瓶）

これも同じである。ただし、こちらは片仮名で書いても元の漢字がすぐ浮かぶ。魔法のように保温効果がある瓶の意味だ。これもなぜか英語の言い換えはない。ポットと言うではないか、と思う人もいるだろうが、魔法瓶をポットと言うのは日本英語である。ポット pot は、急須、壺、深鍋など、丸っこい容器を広く指す。魔法瓶はサーモス thermos である。商品名が普通名詞になったと英和辞典にある。

片仮名語になってもよさそうなのに、意外にもそうなっていない言葉もある。

●懐中電灯

漢字もこみいっているし、「懐中」なんて言葉も古めかしいのに、英語に言い換えもせず、片仮名書きをした例も見たことがない。英語ならフラッシュライト flash light である。なぜ「懐中電灯」が漢字のまま残ったのか、理由はわからない。

●懐中時計

これも、今なお使われている。懐中時計そのものがレトロな感じがするので、「懐中」という言葉が似合うのかもしれない。私の子供時代の昭和三十年代までは、「懐中」という言葉はけっこうよく使われた。先日、スーパーのお菓子売場で、懐かしいものを見た。まだ、こんなものが売られているのは、買う人がいるからだろう。

●懐中汁粉

一種の最中《もなか》なのだが、そのまま食べるのではなく、お椀に入れて熱湯を注ぐと、即席《インスタント》の汁粉《しるこ》になる。つまり、持ち運びのできる汁粉という意味である。今なら携帯汁粉、いやケータイ汁粉とでもなって、やっぱり片仮名語になるんだろうな。

アウトローなんて蠱惑ない

前回、無意味な片仮名語使用について書いた。日本語で普通に「誕生日」と言えばいいのに、何かいいことでもあるかのように「バースデー」と英語で言う風潮についてである。こうした無意味な片仮名語使用の背景には、英語への、ひいては欧米文化への劣等感がある。劣等感から発した片仮名語使用では、欧米文化を正しく理解することはできない。反対に誤解することもある。

月刊誌「東京人」は二〇〇八年十月号で「アウトロー列伝」を特集していた。「時流にこびない」と冠《かんむり》もついている。

登場するのは、大杉栄、色川武大《たけひろ》、山口二矢《おとや》、安東仁兵衛、松永久秀、高田渡、里見甫《はじめ》、内田百閒、深沢七郎、辻潤、相沢三郎、竹中労《ろう》……。このうち何人かは拘置所や刑務所に入っている。確かに、アウトローらしくも思える。

アウトローの要件としては、リード見出しにこんなことが書かれている。

「無法者ということではなく、御上《おかみ》に楯突く民衆のヒーロー」「常識はずれの器の大きさだからこそ、法の枠内に納まりきれない」

寄稿したノンフィクション作家の佐野眞一も、こう書く。

「『アウトロー』とは、広辞苑によると（『法の埒外《らちがい》』の意）社会秩序からはみだした者、無法者とある。社会秩序からはみだした者や、無法者だけを『アウトロー』と定義するなら、すべての犯罪者は『アウトロー』ということになる。

しかし、『アウトロー』という言葉には、それ以上に、人の心をかき乱す怪しくも蠱惑《こわく》的な響きがある」

ノンフィクション作家としてはそれなりの実績のある佐野眞一だが、これはよろしくない。常識的なアウトロー観をなぞっているだけだ。常識的というよりも、誤解によるアウトロー観が仲間同士の言葉のキャッチボールによって増幅し、固定観念となったアウトロー観である。

「アウトロー」という言葉の意味を確認するのに『広辞苑』を引いたというのが、まず感心できない。なんで国語辞典を引くのか。英和辞典を引くべきだろう。あるいは英英辞典でもいい。

研究社の『英和大辞典』やウェブスターの『新二十世紀辞典』によれば、「アウトロー」は確かに「法の埒外の者」の意味なのだが、その方向が正反対なのである。

「東京人」の編集者がアウトローに「法の枠内に納まりきれない」「器の大きさ」を見、佐野眞一が「蠱惑的な響き」を感じ取っているのは、アウトローを法という規範に挑み、敢然とそれを踏み越えて行く者だと思っているからである。そうであれば、アウトローは一種の勇者だろう。しかし、正しくは、アウトローは、法の埒外に放逐されたが故に、法の保護を受けることがない者、という意味なのである。法の保護の外に置かれているから、これを殺すも可、捕えて奴隷にするもまた可、性的凌辱《りょうじょく》を加えるもこれも可、法は関知しない、という追放された者なのである。

法秩序を捨てたのではなく、法秩序から捨てられた者、それがアウトローである。方向が逆なのだ。このことを正しく理解できているのは、この特集の執筆者の中では鹿島茂ただ一人である。鹿島はこう言っている。

「法の恩典と保護の外に置く」「法にもう守られず、人権も認められない」

無法者、すなわち、法を無《な》みする者。これが日本文化の文脈の中にある無頼漢である。一方、アウトロー、すなわち、法に見放された者。これが西洋文化の文脈の中における無頼漢である。

この対比の中に、日欧の法の成立と法意識のちがいを読み取ることができるだろう。日本における法の成立と法意識では、法はお上が押しつける社会模範であり、服従を強《し》いられるものと思われてきた。一方、欧米では、法は法に従う者を保護し、法に従わない者に制裁を加え、さらには保護の圏外に置く、と考えられてきた。どちらが良い悪いを単純に言うことはできない。しかし、土壌となっている文化から切り離して、アウトローを法を無みする者だと解しては、アウトロー論としても、法思想論としても不毛なのである。

アウトローという片仮名語に蠱惑されていちゃ、バースデーという片仮名語に蠱惑されている女子高生と同じではないか。

イカにもタコ的

二〇〇九年四月二十六日付朝日新聞のコラム「天声人語」を読んで憮然《ぶぜん》とした。「天声人語」の論調はいかにも朝日秀才風のものが多く、決して面白いものではない。しかし、その文章は秀才風だけに破格破調はないものと思っていた。それが、こう来たか。

「天声人語」はこんな話を書く。

欧州の水族館の研究チームがタコの足について研究を発表した。このタコの足は、専門家によれば、むしろ腕と呼ぶべきだそうだ。そもそも四肢を手と足に分けるのは人間の側の理屈である。

「前脚をテと称し、歩行を任された後脚をアシと呼ぶにすぎない。タコ的には、今を生きるのに最適な腕を操っているだけだろう」

タコ的、ねえ。

タコは空腹になっても餌がないと、自分の足だか腕だかを食うという。これは単なる伝説らしいが、昔から広く信じられてきた。ここから、赤字経営にもかかわらず無理をして配当金をひねり出すことを「タコ足配当」と言うようになった。別の言い方をすれば「タコ的経営」とでもなろうか。つまり「タコ的」とは「タコの」「タコのような」という意味である。しかし、「天声人語」の使っている「タコ的」は、そうではない。「タコとしては」という意味である。

「〜的」を「〜としては」という意味で使う用法が疫病のように広がりだしたのは、ここ二、三十年のことである。

●私的には流用していないと思う。

これは本来次のような事例を表現している。会社の技術部で使途不明金が発覚したが、新製品開発費に充《あ》てられていたようで、部長が自分の遊興費に金を流用してはいないと思う――という場合だ。この「私的」は「自分の」という意味で「流用」にかかる。

しかし、最近の、とりわけ若者言葉では、意味も用法も大きくちがう。他の人はどう考えているか知らないが、私としては流用はないと思う――という用法である。「私的」は

「わたし的」と読み、「私は」「私としては」という意味で、「思う」にかかる。

この「～的」の用法を初めて耳にした時は、意味を取りちがえ、大いに面喰らった。

十数年前のことである。某評論家の出版パーティーで、祝辞に立った某社会運動家がこう切り出した。

「墨翟《ぼくてき》には……」

おっ、渋いな、漢籍引用の祝辞か、しかも墨子《ぼくし》からの引用とは渋すぎるぜ。うんうん、それで墨翟にはどんな名言があるのかな。と思った私は、一瞬その後の意味がたどれなかった。

「墨翟には、こういう華やかなパーティーは彼にふさわしくないと思う」

えっ、墨子にパーティーなんて言葉が出ていたっけ。もちろん、そんなはずはない。

「僕的には」すなわち「僕としては」と、その社会運動家は言っているのであった。

この頃から、若者たちが「～としては」という意味で「～的」を使うことに気づいた。困ったことだなと思っているうちに、こんな事例にも出くわした。

ある時、テレビ番組に出演することになった。収録スタジオは不便な所にあるのでタクシーで来てくれと言う。タクシー代は向こう持ちだ。指示通りタクシーでスタジオ入りすると、若いプロデューサーがこう言った。

「タクシー的には、いくらでしたか」

とうとうここまで来たか。いくら何でも「タクシー的」はないだろう。

「的」は「～の」という意味の助辞で、現代支那語でも同じように使う。
●我的書（私の本）
「的」には、「～の」よりさらに広く、状態・様子を表す使い方もある。
●文化的生活
●技術的革新
●内省的な生き方
これは英語の形容詞語尾に多い－ticの翻訳の便宜のための用法らしい。「的」は音感もticを思わせる近代日本で始まった使い方だが、漢字の本家、支那にも広がった。「的」をつければどんな形容詞も作れるので便利にも見えるけれど、安易すぎて文章が稚拙《ちせつ》になるし、語末が常に「的」では単調になる。

「～としては」の意味の「～的」は、「～の立場」「～の観点」の省略形である。これまたイカにもタコにも稚拙である。「タコ的」は朝日的にはイカがなものか。

東京土語と源氏物語

十八歳で東京の大学に通うために上京した時、東京ネイティブの話す言葉にとまどったことは、既に何度か書いたことがある。東京弁をもとにした標準語には格別とまどったことはない。ラジオやテレビで聞き慣れていたし、文字化されたものは新聞や書籍で知っていたからである。東京生まれで東京育ちの友人たちが話す標準語化されていない東京土語にとまどったのである。

こんなことがあった。同級生の女子学生が夏休みを境に急に垢抜《あかぬ》けておしゃれになった。大学生活にも慣れ、アルバイトでお金をためて高価な服も買い、あるいは恋人でも出来たのかもしれない。私や友人たちを、ちょっと見下すような態度が感じられた。そんな時、友人がいまいまし気に言った。

「ふん、すかしてやがる」

すかすって？　高級な（でもなかったが）化粧品の匂いは確かにしたけれど、落語や民話じゃないんだから、すかしっ屁の匂いはしてないぞ。それは「すましてやがる」のまちがいじゃないのか。私はそう聞いたが、友人はまちがいではないと言い張る。「すましてやがる」とも言うし、「すかしてやがる」とも言う。意味は同じであって、どちらでもいい、というのだ。

どちらでもいいのなら、どちらか一つでいいはずである。微妙な、あるいは顕著なちがいがあって当然だろう。ネイティブは、情報を提供することはできるが、的確な解釈を示すことができるとは限らない。普通の日本人は日本語を達意に話すけれど、アメリカ人の日本語学者はそれほど流暢《りゅうちょう》に日本語を話せるわけではない。しかし、日本語の解釈は、普通の日本人よりアメリカ人の日本語学者の方が断然上である。これと同じことだ。

そんなことがあってから、私は「すましている」と「すかしている」を注意深く観察して、微妙なちがいに気づいた。「すましている」は、良い場合にも使う。普段はお転婆な女の子が七五三などで正装している時に、こんな風に声をかける。
●お嬢ちゃん、きれいにしておすましだね。

ややからかってはいるが、真意ではほめている。しかし、「すかしている」は悪い場合にしか使わない。

筑摩書房のPR誌「ちくま」に都市史研究家の鈴木理生が「いにしへ東京歳事記」を連載中である。二〇〇九年五月号は「子供言葉」がテーマで、こんなことを書いている。

二〇〇八年秋、源氏物語の従来とは別の写本が発見され、その中に、次のような箇所があった。光源氏が紫の上の書跡をほめると、紫の上が「いたうなすかし給《たまひ》そ」（そんなに冗談をおっしゃいますな）と、軽くかわす。高校古文の典型のような「な〜そ」（禁止）の構文であり、「すかす」ことを禁止したのである。

この「すかす」が東京の子供たちがかつてよく使った「すかしてらぁ」に「一脈通じるものがあったとしたら〝ご冗談〟どころではなく、スゲーェことのようだ」。

というのだが、どうも不思議な驚きようである。一脈も二脈も、紫の上の「なすかし給そ」は東京土語の子供言葉「すかしてらぁ」に通じているに決まっている。同じ言葉なのだから。

「すかす」は「だます」である。東京土語の子供言葉以外に「なだめすかす」という言い方の中にも入っている。

●来月こそ本当にディズニーランドに連れて行ってやると、子供をなだめすかした。

仕事の都合で週末の家庭サービスが出来なかったお父さんが、不平をもらす子供たちをなだめ「すかし」ている。この約束はこれまでもしばしば「だます」結果となっている。どこの家庭にもよくある小さな微笑ましい悲劇だ。

紫の上は、プレイボーイ光源氏のお世辞に「またぁ、そんなお上手をおっしゃって。『すかそう』としても、駄目ですわよ」と、去《い》なしているのだ。

学生時代の私の友人が、急速に垢抜けてきた女子学生に「すかしてやがる」と言ったのは、そうやって男をころがそうとしてやがる、という意味である。

「すます」は「澄ます」。濁った俗念がなく心や態度が澄んでいるように見えるから「すます」。とても普段のお転婆さんには見えないから、「すまし顔」。その結果、相手をだまして初めて「すかす」ことになるのである。

花の色は移りにけり

古語というほどには古くない言葉が現代人にはわかりにくくなっている。明治期までは普通に使われ、昭和前半までは伝統芸能などの世界に広く残っていた言葉が、生活の大きな変化の中で意味がわからなくなったり誤用されるようになっているのだ。

日本語は色を表す言葉が豊かだと言われる。織物や染色の技術が発達し、また四季の変化があるため、微妙な中間色まで表現する言葉が多いのだろう。しかし、一九六〇年代からの生活の欧米化の中で、こうした言葉が急速に失われている。

「浅黄色《あさぎ》」を薄い黄色のことだと思っている人が多い。これは「浅葱色」とも書くように、葱《ねぎ》の色の浅いもので、薄緑や薄青のことである。安物の羽織の裏地によく使われたため、「浅黄裏」で田舎侍、貧乏侍を指すようになった。

落語に『花色木綿《はないろもめん》』という演目がある。

大家に店賃《たなちん》の催促をされた八つぁんが、泥棒に入られたので素寒貧《すかんぴん》だと言う。もちろん、出まかせの言い訳である。泥棒に入られたって盗られるようなものは何もありゃしない。大家が、じゃ、盗られたものの特徴は、と問うと、着物だろうと帯だろうと蒲団だろうと「裏は花色木綿です」と答える。作り話なのが大バレだという滑稽譚である。

この「花色」、現代人ならつい赤かピンクだと思いがちだが、薄い藍《あい》色のことである。「花色」は「縹《はなだ》色」の略で、露草のこと。露草を染料にしたものだ。『花色木綿』は今ではわかりにくいからだろうか、演じられることが少なくなっている。

先日、古本屋の棚で金田一春彦『ホンモノの日本語を話していますか?』(角川書店)を見つけた。一般向けの軽くて楽しい日本語エッセイなのだが、その中にこんなことが書かれている。

「私が小学生だった大正のころ、小学校へ入学して色鉛筆を買うと、紅・褐《かち》・黄・緑・青・紫の六色が標準だった」

この六色、現在一般に使われている言い方になおすと「赤・藍・黄・緑・青・紫」となる。わずか六色の中に近縁の藍色と青色の二色を入れるのは、ちょっとおかしい。ここは暖色系の茶色の色鉛筆を一本入れたいところだ。そう考えると、この「褐」は「褐色《かっしょく》」の意味だということがわかる。しかし、原文はわざわざ「褐《かち》」とルビが振ってある。「褐《かち》色《いろ》」は濃い藍色のことである。藍を「かてて（搗《つ》いて）」染めた色という意味だ。

この本では、中途半端な古典知識が災いして「褐色《かっしょく》」を「褐色《かちいろ》」と読んでしまっている。もちろん、これは編集者のミスだろう。いくつもの国語辞典を編集している国語学者金田一春彦が、出来の悪い高校生のようなこんなまちがいをするとは思えないからだ。編集者が気を利かせたつもりで勝手に誤ルビをふったのにちがいない。この本は二〇〇一年四月初版発行で、私が買ったのは二〇〇二年五月発行の第十刷である。これだけ版を重ねながら、読者のうち誰も疑問を呈さなかったらしい。

色以外に、こんな例もある。

私の中学時代、『縛り首の木』（D・デイビス監督）という映画を見た。かなり異色の西部劇で、美しいマリア・シェルが激しい日焼けで息も絶え絶えになっているシーンやドラマチックな音楽が印象に残っている。

この映画の原題はThe Hanging Treeである。つまり、絞首刑に使われる木である。現に、映画の冒頭にその木が登場する。

しかし、「縛り首」って絞首刑のことだろうか。代表的な小型国語辞典『新明解国語辞典』には、こう出ている。

●縛り首：江戸時代、両手を縛って、首を切った刑罰。

本来の「縛り首」では、縛るのは首ではなく手である。手を後方で縛っておいて首を切るのである。敢えて言えば「手縛り首切り」の上下を省いたものということになろう。

江戸時代の死刑にはいろいろなものがあった。どうせ死刑なら一緒だろうと思うのは現代人の考えで、切腹は武士のみに許された名誉ある死刑、多くは斬首（縛り首）、重罪の場合は磔《はりつけ》、獄門《ごくもん》（さらし首）になった。

この映画は一九五九年の作品である。死刑が絞首刑のみとなって何十年もたち、「縛り首」の意味がわからなくなったのだ。と、私が知ったのも、ずいぶん後のことであった。

上がったり下がったり

先日、ある雑誌でこんな記事を見た。

●今年は地方国立大学の入試の難易度が上がっている。

何気なく読みすごす文章で、私も何の雑誌だったかメモをしなかったぐらいだが、他でも似たような文章をよく読む。さて、「難易度が上がる」と、入試は難しくなるのだろうか、易しくなるのだろうか。

昨今の経済不況で、学費が安く自宅から通学可能な地元の国立大学を目指す受験生がふえ、そうなると必然的に入試は難しくなる。こうした時代情況を念頭に置けば「難易度」が「難しさの度合」の意味だと誰でもわかる。それに、大学受験は本来難しくて当然なのだから、「難易度」と言った時、特にことわらない限り「難」の方が強調されるのが普通である。「入試の難易度が上がる」は「入試が難しくなる」の意味であって、これをまちがえることはまずない。

しかし、「上がる」のがどっちに上がるのかわかりにくいのもある。

私は、電話回線を二本引いている。電話専用とファックス専用である。こうしておくと深夜でも起こされずにファックスが受け取れるからだ。番号は憶えやすいように一番ちがいの連番にしてある。ところが、仕事などで相手にこの説明をする時に、誤解が生じやすいことに気づいた。

●ファックス番号は、電話番号と一番ちがいで、繰り下がります。

と説明するのだが、「繰り下がる」の意味をまちがえる人がいる。「五二六一・四八三一」が「五二六一・四八三二」になるのが「繰り下がる」である。しかし、これを逆に受け取り、全然関係ないところへファックスを送ってしまう人がいて、トラブルになる。「繰り下がる」は、一から始めて順位が次第に下になることだから、数値は大きくなる。一の次は二で、数値はふえているけれど、順位は下がっているのだ。

国会議員などの選挙では一票の差が当落を分ける。しかし、当選者に支障が生じた場合、繰り上げ当選となる人も出る。この「繰り上げ」も、例えば上位三人が当選なのだが、何らかの事情で欠員ができ、第四位だった人が第三位に「繰り上げ」された、という意味である。

これと同じではないか。こんな簡単なことをなぜまちがえるのだろう、と思っていたのだが、そのうち理由がわかった。「繰り上げ」には、こんな使い方もあるからだ。

●九十万円の車もオーディオなどをつければ桁《けた》が繰り上がって百万円台になる。

ここでは確かに九十より百の方が繰り上がっている。順位ではなく、金額という数値を問題にする場合は、数値が大きくなるのが「繰り上げ」なのである。電話番号の「繰り上げ」をこれと取りちがえてはいけない。

ところで「上・下」といえば、「北上」「南下」という言葉がある。

●台風二十号が北上中。

●連合艦隊は豊後《ぶんご》水道を一気に南下した。

台風や艦隊のように規模の大きなものが北や南へ進むのが「北上」「南下」である。日常よく目にする言葉だが、なぜ進行方向を「上下」で表現するのだろうか。

この言葉、古くから使われているような感じがするが、実はそうではないらしい。

ほとんどの漢和辞典で、古典の用例付きで出ているのは「南下」だけで、「北上」は用例ぬきの漢語、すなわち現代漢語として載っているだけである。かつて支那では、北の異民族の侵入を防ぐため万里の長城が築かれたように、北側は止めることだけを考え、自ら進むことは考えなかったからかもしれない。「南下」が使われたのは、皇帝は北極星を頭上に置いて「南面」したからだろう。皇帝の視線は常に南に向いているのである。

国語辞典も見てみよう。現代の国語辞典は「北上」「南下」ともに載せているが、大正十二（一九二三）年の『辞林』も昭和七（一九三二）年の『大言海』も二語とも載せていない。その頃まであまり使われる言葉ではなかったと思われる。

現在、普通に「北上」「南下」が使われるのは、地図の影響が大きいだろう。地図では北を上にすることが定着しているからだ。京都で「南北」を「下る・上る」と表現するのは、町が南北に傾斜しているからというより、皇居（御所）が北にあるからである。

ジャーナリズムという中毒

『論語』子路《しろ》篇にこんな言葉がある。

「子 曰《のたまわ》く、必ずや名《な》を正《ただ》さんか」

「名」とは言葉。ものごとを名づけ、言葉の体系、思考の体系の中に位置づけることで、社会は成立している。「名」(言葉)はすべての基本である。そうだからこそ名を正さなければならない、と孔子は言うのだ。


その通りだと私も思う。小さな誤字誤読も正すに越したことはない。しかし、それよりも気をつけなければならないのは、思考の根幹に関わる言葉の誤用である。とりわけジャーナリストはそうだろう。ジャーナリストは言葉を用いて仕事をし、言葉によって社会の実相を描き出すからである。

朝日新聞は日本ジャーナリズムの雄《ゆう》である。その朝日新聞社のシンクタンク「朝日総研」では「ＡＩＲ21」という月刊誌を発行していた。これは非営利的な文化事業であり、さすが朝日だと敬服したいところなのだが……。

二〇〇八年一月号「ＡＩＲ21」の特集は、正攻法で「ジャーナリストとは？」。ジャーナリズムの雄が、そのジャーナリズム、ジャーナリストを問うているわけだ。

冒頭のアンケート報告は「『ジャーナリズム』のイメージ」である。日・台・韓の合同企画の日本篇で、副題は「新人記者たちがもつプロフェッションへの憧憬《しょうけい》と懐疑」とある。難しそうでこなれない副題だが、要は、複数の新聞社の新人記者に抱負と自戒を問い、そのアンケート結果を分析して「ジャーナリズム」のイメージを結像させるという企画である。報告者は、東京大学大学院准教授で情報学を専攻する林香里《はやしかおり》、共同報告者として、東大大学院生で台湾からの留学生、林怡蕿《りんいけん》の名前もある。林香里が主導して林怡蕿がその手伝いをしたのだろう。

さて、新人記者たちに問うた「『ジャーナリズム』のイメージ」だが、回答の中に次のようなものがいくつも見られたという。

「少し暑苦しい」「偉そうな言葉」「高尚なもの。名乗るには恐れ多い」。

新人記者たちは「ジャーナリズム」に好感を抱かず、冷笑的、否定的に見ているのだ。

次の回答にその理由がはっきり表れている。

「どこかイデオロギー的なイメージがある」

「ｉｓｍ主義〔と言ったぞ〕の時点でイデオロギーを感じる」

つまり、イデオロギー性を感じるが故に、暑苦しく、偉そうだ、というのである。

私はここまで読んだ時、思わず笑った。そして、続く林香里の文章を読んだ時、これは笑っている場合じゃないぞと思った。林はこう書く。

「『イデオロギー』だと感じる根拠はどこから出てくるのだろうか」

えっ。そんなもの、バカな新人記者どもの無知と誤読に決まってるんじゃないの。このアンケートは、そういった記者たちの勘違いぶりをあぶり出そうとしたんじゃないの。

だから、私は、なんとバカな記者たちだと、笑ったのだ。

この記者たちは、回答にあるようにismを「主義」だと思っている。「ジャーナリズム」を「ジャーナル主義」というイデオロギーだと思っている。仮にも新聞記者であれば、名門大学を卒業し、超難関の入社試験をくぐり抜けている。それがこの為体《ていたらく》だ。

ismは、さまざまな意味に使われる接尾語である。イデオロギーを表す場合もある。

socialism（社会主義）がその典型だ。しかし、mechanismは「機械主義」ではない。「機械装置」「機械構造」である。alcoholismを「アルコール主義」としたら、わけがわからない。「アルコール中毒」以外に訳しようがない。

主義、装置、態様、症状など、さまざまに使われるのがismである。「ジャーナル（日誌・日報）」のように、定期的に刊行・報道するシステム、すなわち新聞社やテレビ局がジャーナリズムである。

誤読して、その上、しなくてもいい内省自戒までしている。あきれた新人記者たちだ。だが、もっとあきれるのは、バカな新人記者たちの誤読にも気づかず、もっともらしくその「根拠」を、公共性だの職業形態だのに探ろうとしている林香里である。林は自分自身でも「ジャーナリズム」を「ジャーナル主義」だと誤読誤解しているのだ。

林香里は大学院准教授としてacademism（研究制度）の一員である。でも、林のアカデミズムって、きっとアカデミー中毒なんだろうね。

【補論】

林香里は現在では大出世して東京大学副学長になっている。

索　　引

呉智英（くれ　ともふさ／ごちえい）

評論家。一九四六年生まれ。愛知県出身。早稲田大法学部卒業。評論の対象は、社会、文化、言葉、マンガなど。日本マンガ学会発足時から十四年間理事を務めた（そのうち会長を四期）。東京理科大学、愛知県立大学などで非常勤講師を務めた。『封建主義 その論理と情熱』『読書家の新技術』『大衆食堂の人々』『現代マンガの全体像』『マンガ狂につける薬』『危険な思想家』『犬儒派だもの』『現代人の論語』『吉本隆明という共同幻想』『つぎはぎ仏教入門』『真実の名古屋論』『日本衆愚社会』『バカに唾をかけろ』など著書多数。加藤博子との共著で『死と向き合う言葉』（小社刊）がある。「呉智英 言葉の診察室」シリーズ全四冊（①『言葉につける薬』、②『ロゴスの名はロゴス』、③『言葉の常備薬』、④『言葉の煎じ薬』）がベスト新書より増補新版で刊行。

ベスト新書
615

言葉《ことば》の煎《せん》じ薬《ぐすり》 言葉《ことば》の診察室《しんさつしつ》④

二〇二四年五月一五日 初版第一刷発行

著者◎呉《くれ》 智英《ともふさ》

発行者◎鈴木康成

発行所◎株式会社ベストセラーズ
東京都文京区音羽一-一五-一五
シティ音羽二階 〒112-0013
電話 03-6304-1832(編集) 03-6304-1603(営業)

装幀◎竹内雄二
校正◎皆川秀
印刷製本◎錦明印刷
DTP◎オノ・エーワン

ISBN978-4-584-12615-8 C0295
定価はカバーに表示してあります。